Day-Trading für Anfänger

Mit Day-Trading zur finanziellen Freiheit. Die besten Strategien, Methoden und Techniken für den erfolgreichen Einstieg in den Börsenmarkt.

Magnus Hirte

Inhaltsverzeichnis

Was ist Day-Trading 1

Die Börse 6

Der Kurs 20

Die Charts 25

Wichtige Regeln 31

9/30-Trading 38

Swing-Trading 42

Impulse-Trading 46

15-Minuten-Trading 49

Trading mit einem Regressionskanal 54

Wichtige Ausstiegsstrategien 58

Der Lernprozess 63

Die Umsetzung 68

Was ist Day-Trading

Day-Trading ist der große Traum vom schnellen Geld. Aktiengeschäfte werden täglich mehrfach abgewickelt und dabei springen dann Tausende von Euros heraus. Den eigenen Job kann man getrost an den Nagel hängen und sich vor dem Computer zurücklehnen. Dieser Traum hat schon so manchem sein gesamtes Geld gekostet. Anstatt sich unrealistischen Erwartungen hinzugeben, muss man an das Day-Trading langsam und vorsichtig herangehen. Es ist wichtig, Erfahrungen zu sammeln und in diese Welt des Handels hineinzuwachsen.

Um das Day-Trading zu verstehen, muss man sich zuerst das Trading als solches ansehen. Das Wort „Trading" kommt aus dem Englischen und bezeichnet nichts anderes, als den Handel. Hier geht es aber nicht um den Handel mit irgendetwas, sondern den Handel mit Aktien und Wertpapieren.

Trading, und mehr noch, der Trader, bezeichnet dabei nicht den Aktienhandel als solchen. Zwar ist jeder, der auch nur einmal eine Aktie kauft und verkauft, im Prinzip ein Trader, doch mit dem Wort Trader oder Trading verbindet sich noch etwas mehr. Trader benutzt man als Bezeichnung für diejenigen, die schon Erfahrungen mit dem Aktien- und Wertpapierhandel gesammelt haben und keine blutigen Anfänger mehr sind. Trading ist das ständige, wiederholte Handeln mit Aktien und Wertpapieren.

Das Trading unterscheidet sich in drei Bereiche. Dem langfristigen, mittelfristigen und kurzfristigen Trading. Langfristiges Trading bezieht sich auf den Kauf und das Halten von Aktien. Dabei geht es also nicht um kurzfristige Kursschwankungen, sondern den langsamen Anstieg des Preises einer Aktie über Jahre hinweg. Diese Form der Anlage ist im Grunde genommen wenig aufregend und bringt nur mäßige Gewinne.

Das mittelfristige Trading bezieht sich auf das Halten der Aktien über Wochen und Monate. Das bringt schon etwas mehr Aufregung und die Chance, mehrfach, innerhalb einer kürzeren Zeit, einen Gewinn zu realisieren. Das Risiko im Vergleich zum längerfristigen Trading ist zwar etwas höher, der Gewinn dafür aber auch. Entscheidungen trifft man über Stunden oder Tage. Man hat also Zeit, sich zu bedenken und das macht diese Form des Tradings so attraktiv.

Das kurzfristige Trading hält eine Aktie nur Tage oder mitunter nur Stunden, oder sogar nur Minuten. Hier geht es um das tägliche Erzielen von Gewinnen. Diese Form der Anlage ist das eigentliche Day-Trading. Die Aussicht auf Gewinne ist hier sehr hoch, das Risiko jedoch ebenso. Besonders riskant ist die Tatsache, dass man Entscheidungen innerhalb von Augenblicken fällen muss. Das bringt natürlich genug Chancen, sich falsch zu entscheiden. Wichtig ist, das inhärente Risiko gegen den potenziellen Gewinn abzuwägen. Da aufgrund der Kurzfristigkeit dieses Tradings ein Gewinn mit Aktien, im herkömmlichen Sinne, kaum hoch genug ausfallen kann, wird oft mit sogenannten Derivaten gehandelt.

Gerade aufgrund des Tempos im Day-Trading ist diese Form des Tradings nicht wirklich für Anfänger geeignet. Warum also dieses Buch? Damit Sie die Chance haben, in diese Profession hineinzuwachsen. Day-Trading ist die Königsdisziplin des Tradings. Wer das nicht erkennt und sich direkt darauf stürzt, wird sehr schnell Schiffbruch erleiden. Wer sich aber dieser Tatsache und vor allem des Risikos bewusst ist, der kann sich langsam an diese Form des Tradings heranarbeiten.

Ein Charakteristikum des Day-Tradings wurde schon erwähnt: das Tempo. Beim Day-Trading gibt es den Handel in wenigen Minuten. Dieser Handel bezieht sich oft auf die ersten 15 Minuten des Handelstages. Man braucht also nur 15 Minuten seiner Zeit an einem Tag zu investieren. Diese Art des Tradings wird als „Scalping" bezeichnet.

Wer nicht das Scalping anwendet, der schließt seine Positionen sehr oft noch am selben Tag. Das bedeutet, wer heute eine Aktie oder ein anderes Finanzprodukt kauft, der wird es meistens auch heute wiederverkaufen. Damit werden Lücken in den Kursen vermieden. Die Idee beim Day-Trading ist, den Kurs permanent im Auge zu behalten. Damit kann man unmittelbar reagieren. Das wird von den Börsen durch automatische Kauf- und Verkaufsvorgaben noch unterstützt. Wenn man jedoch eine Aktie über den Börsenschluss hinaus hält, dann fällt man in eine Kurslücke, in der Fachsprache „Gap" genannt. In den Gaps kann man die Kurse weder im Auge behalten, noch auf diese reagieren. Auch vorher definierte Kauf- und Verkaufsvorgaben haben keinerlei Auswirkungen. Am nächsten Handelstag kann dann die eigene Position, sprich die eigene Aktie, einen unerwarteten Einbruch erlitten haben.

Neben diesem erheblichen Zeitdruck macht aber noch ein anderes Charakteristikum das Day-Trading sehr riskant, aber auch profitabel. Wer mit den Aktien selbst handelt, wird in dem beschriebenen Zeitraum zwar Kursschwankungen erleben, diese sind jedoch nicht immer profitabel genug. Daher richtet sich das Day-Trading mehr auf den Handel mit Derivaten. Derivate sind Finanzprodukte, deren Preis von dem Preis eines anderen Finanzproduktes, abhängt. Daher kommt auch der Name Derivat, was nichts anderes bedeutet, als „abgeleitet".

Nun ist ein Derivat als Finanzprodukt eher schwer zu verstehen. Einfacher gesagt, kann man es als einen Wettschein ansehen. Man wettet damit auf eine Kursentwicklung. Damit kann man auf einen Kursanstieg ebenso wie auf einen abfallenden Kurs wetten. Diese Derivate bringen also einen Gewinn, auch dann, wenn der Wert einer Aktie oder einer Währung fällt. Dies bedeutet aber auch, dass mehrere Produkte und Kurse miteinander in Verbindung stehen, was von einem Anfänger nur schwer zu verstehen und abzuschätzen ist.

Derivate kann man als einfache oder gehebelte Wettscheine handeln. Gehebelte Wettscheine vervielfachen die Auswirkungen von Kursschwankungen. Wer also einen gehebelten Wettschein mit einem Hebel von 5 erwirbt und darauf wettet, dass der Kurs um 4 % steigt, der erhält das 5-Fache der Veränderung, wenn er richtigliegt. Damit bekommt man also eine Kursschwankung von 20 %, dass sich dann als ein täglicher Gewinn lohnt. Umgedreht aber, wenn man falsch liegt und der Kurs fällt, dann verliert man auch 20 %. Im schlimmsten Fall muss man dann auf ein solches Verlustprodukt noch einmal Geld nachschießen.

Natürlich gibt es Hilfsmittel, um die zukünftigen Kursentwicklungen einzuschätzen. Das Erste sind die aktuellen Meldungen. Das können allgemein die Nachrichten sein, doch es lohnt sich viel mehr, die Börsennachrichten im Auge zu behalten. Dazu kommt ein noch wichtigeres Mittel: die charttechnische Analyse.

Die Kurse der Aktien und der Finanzprodukte werden auf sogenannten Charts angezeigt. Dort kann man über einen einstellbaren Zeitraum die vergangene Entwicklung der Aktien einsehen. Aus dieser Entwicklung lassen sich dann Rückschlüsse über den Aktienkurs der nächsten Tage anstellen. Vor allem kann man so Kauf- und Verkaufsanzeichen erkennen. Es gibt aber keine Garantie, dass man mit seinen Rückschlüssen auch wirklich richtigliegt. Es kommt auf die richtigen Strategien und die eigene Erfahrung an.

Wenn man das alles so liest, dann erscheint das Day-Trading sehr riskant zu sein. Warum versuchen es die Leute dennoch? Weil es eine Menge Profit bringt. Zur Realisierung dieser Profite gibt es eine Reihe von Strategien, die sich auf ihre jeweilige Weise bewährt haben. Das Gute an diesen Strategien ist, dass man die wichtigsten Entscheidungen vor dem eigentlichen Ablauf des Geschehens treffen kann. Damit hat man die Chance dem Zeitdruck zu entgehen.

Weiterhin kann und muss man in das Day-Trading hineinwachsen. Man sollte also mit dem mittelfristigen Trading anfangen. Dieses kann man noch mit einem Musterdepot **für ein simuliertes** Day-Trading ergänzen. Mit einem solchen Musterdepot kann man ein Trading mit echten Finanzprodukten simulieren, ohne dabei sein echtes Geld einsetzen zu müssen. Man verliert also nichts dabei. Andererseits macht man natürlich auch keinen echten Profit damit.

Die Börse

Bevor man sich nun in das Day-Trading oder auch nur in eine weitere Anleitung zum Day-Trading stürzen kann, müssen einige Grundbegriffe geklärt werden. In diesem Kapitel gibt es das Vokabular, das zum absoluten Minimum eines jeden Traders, und noch mehr eines Daytraders, gehört.

Das erste und wichtigste Wort für einen Trader ist: „Börse". Die Börse kann man einfach als einen Marktplatz ansehen. Hier werden die Aktien und Wertpapiere gehandelt. Es werden die Entwicklungen der Aktien und Unternehmen verfolgt und eine Bewertung durchgeführt. Diese Bewertung wiederum ergibt den Preis der Aktie. Dazu aber später mehr.

Börsen kommen im Wesentlichen in zwei Kategorien daher. Die richtigen Börsen, in der echten Welt und die elektronischen Börsen. Richtige Börsen sind zum Beispiel die Frankfurter Börse und die New York Stock Exchange, auch schlicht als Wall Street bekannt.

Die Frankfurter Börse befindet sich, wie der Name es verrät, in Frankfurt. Für die, die sich genau mit der deutschen Geographie auskennen: Sie befindet sich in Frankfurt am Main, nicht in Frankfurt an der Oder. In der Frankfurter Börse befinden sich die richtigen Profis, die eine Kauf- beziehungsweise Verkaufsorder ausführen. Dabei ist es nicht wichtig, wie sie diese Order erhalten. Dies kann zum Beispiel über die Hausbank oder direkt online erfolgen.

Die Frankfurter Börse selbst wiederum wird von einer Aktiengesellschaft betrieben, nämlich die Deutsche Börse AG. Sie gehört zu den 30 Aktiengesellschaften, die im Dax vertreten sind.

Die New York Stock Exchange wird zwar die Wall Street genannt, doch das ist nicht so ganz richtig. Die Wall Street ist eine 600 Meter lange Straße. Sie bildet das Zentrum des Finanzbezirkes von New York. Die New York Stock Exchange befindet sich nur einfach in dieser Straße.

Die New York Stock Exchange ist die größte Börse, nicht nur der USA, sondern der ganzen Welt. Sie kämpft jedoch mit dem gleichen Problem, wie die Frankfurter Börse. Elektronische Börsen laufen ihnen den Rang ab, weil sie für die Trader auf der ganzen Welt sehr viel einfacher zu nutzen sind.

Die wichtigste elektronische Börse in Deutschland ist Xetra. Der Hauptrechner dieser Börse steht ebenfalls in Frankfurt am Main und er ist weltweit vernetzt. Der gesamte Handel in Xetra erfolgt über Computersysteme. Diese ermitteln auch die Aktienkurse, welche übrigens von den Kursen anderer Börsen abweichen können. Dabei ist der Kurs in Xetra oftmals fairer, als bei den alteingesessenen Börsen.

Die wichtigste elektronische Börse in den USA ist die Nasdaq. Der Name ist eine Abkürzung und bedeutet National Association of Securities Dealers Automated Quotations. Diese Börse wurde 1971 als Technologiebörse gegründet. Sie bleibt bis heute ihren Wurzeln treu und gibt die „Nasdaq Composite" heraus. Dies ist ein Aktienindex, welcher die Aktien von circa 3.000 Technologieunternehmen enthält. Daneben gibt die Nasdaq noch den „Nasdaq 100" heraus, der aus den Aktien der 100 größten Technologieunternehmen gebildet wird.

Nachdem nun das Wort „Börse" geklärt ist, nehmen wir uns die Aktien vor. Aktien sind sogenannte Anteilsscheine. Wenn ein Unternehmen gegründet wird, kann dies in Deutschland auf mehreren Wegen geschehen. Es kann als eine Offene Handelsgesellschaft, OHG, eine Kommanditgesellschaft, KG, eine Gesellschaft mit beschränkter Haftung, GmbH, oder eben als Aktiengesellschaft, AG, gegründet werden. Diese Aufzählung ist natürlich nicht vollständig. Jede dieser Gesellschaftsformen hat ihre eigenen Regeln und unterliegt entsprechenden Vorschriften. Für uns sind jedoch nur die AGs wichtig.

Aktiengesellschaften sind wiederum nicht alle gleich. So kann eine AG im alleinigen Besitz einer Person stehen, wenn diese Person über 100 % der Aktien verfügt. Sie kann aber auch offen gehandelt werden.

Je nach Menge der ausgegebenen Aktien repräsentiert eine dieser Aktien einen gewissen Prozentsatz als Eigentum an dem Unternehmen. Wer also eine Aktie kauft, wird Miteigentümer an dem Unternehmen, dessen Aktie er oder sie kauft.

Jeder Käufer von Aktien besitzt einen Anteil an der AG, entsprechend der Prozentzahl der einzelnen Aktie und der Gesamtanzahl der Aktien, die er besitzt. Damit ist es theoretisch möglich, eine Mehrheit an Aktien einer AG zu kaufen und damit diese AG zu übernehmen. Das kann freundlich geschehen, indem die AG dem zustimmt, oder feindlich. In letzterem Fall versucht die AG, ihre Aktien selbst vom Markt zu nehmen, indem sie sie aufkauft, oder deren Wert so zu erhöhen, dass der andere es sich nicht leisten kann, genug Aktien dieser AG zu kaufen.

Unternehmen werfen mit den Aktien einen Anteil an sich selbst auf den Markt. Da fragt man sich natürlich, was dies den einzelnen Unternehmen bringt. Als Erstes bringt es den Unternehmen Geld. Da sie die Aktien herausgeben, kauft man sie von ihnen, und sie erhalten die Kaufsumme, minus einer Marge für die Börse. Oftmals gehen Unternehmen diesen Schritt, um Geld für wichtige Investitionen zu erhalten. Damit lohnt sich die Umwandlung in eine AG nur für die Unternehmen, die bereits einen gewissen Erfolg haben. Diese haben das Potenzial zu mehr Wachstum, und ihre Aktien werden entsprechend hoch genug gehandelt, dass sich der Börsengang auch wirklich lohnt.

Auf der anderen Seite fragen sich natürlich viele Leute, warum sie überhaupt Geld in Aktien investieren sollten. Das liegt vor allem an den vielen negativen Geschichten, die mit derartigen Spekulationen verbunden sind. Aktien sind nicht nur eine Quelle für Gewinne, sie sind auch ein mitunter erhebliches Verlustrisiko. Das kommt auch und vor allem daher, dass sie sich unberechenbar verhalten können, zumindest für einen unerfahrenen Aktionär. Erfahrene Trader dagegen können oft genug abschätzen, wann eine Aktie kippt und dann fällt, anstatt zu steigen.

Auf der anderen Seite gibt es nicht viel, was man mit seinem Geld machen kann. Wer es auf sein Sparkonto legt, der wird es oft genug langsam verlieren. Die heutigen Zinsen decken schon längst nicht mehr die Verluste durch die Inflation ab. Wo sie es aber dennoch tun, ist der Gewinn dann so gering, dass es sich wirklich nicht mehr lohnt.

Die Antwort ist, sein Geld in Aktien zu investieren. Man muss sich jedoch der Verlustrisiken bewusst sein und vor allem langsam an die

Sache herangehen, um ein Gefühl für die Materie zu bekommen.

Schaut man sich den DAX an, der die 30 größten Aktienunternehmen Deutschlands repräsentiert, so hat sich dieser in den letzten 22 Jahren mehr als verfünffacht. Gerade also langfristig sind mit den großen Unternehmen erhebliche Gewinne möglich.

Neben diesem knallharten Gewinnargument legen es Aktienanleger auch oftmals auf die Spannung an. Es ist eben sehr viel interessanter, den ständig schwankenden Kursen bei ihrem Auf und Ab zuzuschauen, als die mickrigen Zinsen auf dem Sparkonto anzugucken.

Es mag auch den einen oder anderen beflügeln, ein Anteilseigner an einem namhaften Unternehmen zu werden. Neben Volkswagen kann man sich auch bei Coca-Cola, Google oder sogar Facebook einkaufen. Das klingt doch gut, wenn man bei einem derartigen Unternehmen beteiligt ist.

Aktien sind auch sehr flexibel. Wer noch wirklich Zinsgewinne auf seinem Sparkonto erzielen will, der braucht eine Festgeldanlage. Damit aber blockiert man sein Geld für den Zeitraum, den diese Anlage läuft. Das können 5, oder sogar 10 Jahre sein. In dieser Zeit kann man einfach nicht auf unvorhergesehene Ereignisse reagieren. Das ist besonders für Unternehmen ein Problem, denn diese können schlecht voraussehen, wie sich der Markt über das nächste Jahrzehnt entwickelt. Aber auch private Anleger können in eine Situation geraten, in welcher sie das Geld ganz einfach brauchen. Aktien dagegen kann man jederzeit wieder verkaufen, wenn man den in ihnen steckenden Wert braucht.

Aktien zahlen obendrein noch Dividenden aus. Dividenden sind ein Anteil an dem Jahresgewinn einer AG. Diese werden einmal pro Jahr ausgeschüttet. Das erklärt auch, warum Aktien von Unternehmen mit hohen Gewinnen und damit hohen Dividendenzahlungen besonders beliebt sind. Nicht nur spekuliert man mit den Aktien, man gewinnt auch direkt mit dem Unternehmen, je länger man die Aktien hält.

Dividenden sind aber auch ein wenig komplizierter. Das Unternehmen macht einen Gewinn. Soweit ist das kein Problem. Doch die Dividendenzahlungen richten sich nicht nur nach dem Gewinn. Es gibt zuerst eine Hauptversammlung aller Aktionäre. Wer mindestens eine Aktie dieses Unternehmens hält, kann sich an dieser Hauptversammlung beteiligen. Es ist aber keine Pflicht. Auf der Hauptversammlung wird über die Höhe der Dividenden entschieden. Am folgenden Tag werden dann die Zahlungen normalerweise entsprechend geleistet.

Die Dividenden werden von der Hauptversammlung festgelegt. Damit sind sie nicht direkt mit dem Aktienkurs oder mit den Einnahmen des Unternehmens verbunden. Ein Unternehmen kann Rekordeinnahmen machen und dennoch keine Dividenden auszahlen. Das kann zum Beispiel an alten Schulden oder zukünftigen Investitionen liegen. Normalerweise bedeutet aber der Ausfall von Dividendenzahlungen ein Absinken des Aktienwertes.

Der Aktienkurs eines Unternehmens kann fallen, und dennoch werden hohe Dividenden ausgezahlt. Dies kann ein Versuch sein, den Kurs der Unternehmensaktie anzuheben, oder es kann mit zukünftigen Gewinnerwartungen oder einem anderen Grund zusammenhängen.

Ein Dividendenausfall muss aber nicht zwangsläufig einen Kurseinbruch bringen. Die mit der ausgefallenen Dividende durchgeführten Investitionen können einen Anstieg des Kurses bewirken. Gleichzeitig sind Aktien mit hohen Auszahlungen sehr beliebt. Daraus ergeben sich hinsichtlich des langfristigen Aktienkaufes auch unterschiedliche Strategien. Aber dazu später mehr.

Eine Faustregel zu den Aktienkursen ist jedoch einfach zu merken. Geht es einem Unternehmen gut, dann geht dessen Aktie nach oben. Umgekehrt bedeutet das, dass einem kränkelnden Unternehmen auch die Aktie wegstirbt. Dabei geht es aber auch um die Erwartungen der Anleger. Werden diese erfüllt, geht die Aktie nach oben. Werden sie übererfüllt, dann springt der Kurs regelrecht. Werden die Anleger dagegen enttäuscht, dann bricht der Kurs mitunter erheblich ein.

Aktien gelten als ein Wertpapier. Dennoch hört man oftmals den Ausdruck „Aktien und Wertpapiere". Damit soll zwischen den allgemein bekannten Aktien und den weniger bekannten anderen Wertpapieren, unterschieden werden. Diese anderen Wertpapiere sind keine einzelne Kategorie. Auch sie zerfallen wieder in Unterkategorien. Wertpapiere sind vor allem Anleihen, Zertifikate, Optionen, Genussscheine und Investmentfonds.

Anleihen sind im Wesentlichen Kredite. Jemand hat eine originale Anleihe gekauft. Dies kann eine Unternehmens- oder Staatsanleihe sein. Als Unternehmensanleihe hat man damit einem Unternehmen sein Geld gegeben. Als Staatsanleihe hat der Staat das Geld bekommen.

Die Anleihen werden für einen bestimmten Zeitraum ausgegeben. Am Ende dieses Zeitraums erhält der Geldgeber sein Geld zurück. Bis dahin bekommt er Zinszahlungen. Ist eine solche Anleihe einmal ausgestellt, dann kann sie verkauft werden.

Anleihen gelten allgemein als eine sichere Geldanlage. Sie bringen ihrem Besitzer eine regelmäßige Zinseinnahme und ihr Kurs schwankt nur wenig. Dennoch gibt es auch riskante Anleihen. Dies erklärt auch die Kursschwankungen. Sollte zum Beispiel ein Unternehmen in Schwierigkeiten geraten, und ist ein Zahlungsausfall zu erwarten, dann sinkt auch der Wert der Anleihe. Das gleiche gilt natürlich für den Staat. Sollte dieser Anleihen nicht mehr bedienen, fällt deren Wert erheblich.

Neben diesen direkten Gründen können auch schwankende Zinsen und sich verändernde Leitzinsen, einen Einfluss auf den Kurs der Anleihe haben. Dabei ist die Auswirkung umso höher, je länger die Restlaufzeit der Anleihe ist.

Zertifikate gehören zu den Derivaten. Sie beziehen sich mit ihrem Wert also auf den Wert einer anderen Investition. Zertifikate können sich auf eine fast unendliche Auswahl an Dingen beziehen. Dazu gehören Immobilienzertifikate, Bankzertifikate, Garantiezertifikate, Discount- und Bonuszertifikate. Diese Liste ist aber absolut nicht vollständig. Zertifikate können von einfach bis kompliziert gehalten sein. Vor allem die sogenannten Knock-Out-Zertifikate bringen hohe Gewinne, sind aber auch mit einem sehr hohen Verlustrisiko verbunden und absolut nichts für Anfänger. Auch hier gilt: Langsam herantasten. Man konzentriere sich auf eine Art von Zertifikat und arbeite sich von diesem aus weiter.

Optionen wiederum sind das Recht auf eine Transaktion in der Zukunft. Damit wettet man praktisch auf eine Kursentwicklung. Nehmen wir als Beispiel das Unternehmen A. Dessen Aktien stehen bei 100 €. Jetzt kauft man eine Option, diese Aktien in einem Jahr für 100 € zu kaufen. Diese Option wiederum kostet 10 €. Ein Jahr später liegt der Aktienkurs bei 150 €. Jetzt kann man diese Option ausüben und die Aktie für 100 € kaufen. Zusammen mit den 10 € für die Option hat man Kosten in Höhe von

110 €. Wenn man diese Aktie aber gleich wiederverkauft, erhält man 150 €. Das entspricht einem Gewinn von 40 €. Gemessen an der Option von 10 €, ist das ein Profit von 300 %. Sollte der Aktienkurs jedoch fallen oder gleichbleiben, dann hat man einen Verlust gemacht.

Genussscheine sind eine Kreuzung aus Aktie und Anleihe. Ein Genussschein ist über eine bestimmte Summe ausgestellt, die theoretisch am Ende der Laufzeit ausgezahlt wird. Diese Summe wiederum wird als Kapital von dem Nehmer des Genussscheines an das Unternehmen gezahlt. Bis zur theoretischen Rückzahlung besteht ein ebenso theoretischer Anspruch auf Zinszahlungen. Diese Ansprüche, Zins und Rückzahlung, sind deshalb theoretisch, weil sie nicht absolut festgelegt sind. Wie eine Aktie mit ihren Dividenden, so entscheidet auch das Unternehmen, gemessen an dem Gewinn, über die Zahlung. Man ist also an einen Gewinn ebenso beteiligt, wie an einem Verlust. Dies kann bis zum Totalausfall des Scheines gehen. Diesem deutlich höheren Risiko steht aber auch ein höherer, potenzieller Gewinn gegenüber.

Genussscheine sind bei ihrer Ausstellung nicht gesetzlich geregelt. Auch kann ihr Kurs teils erheblich schwanken. Das Mitspracherecht, das eine Aktie verleiht, gibt es bei einem Genussschein jedoch nicht. Aus all diesen Punkten ergibt sich ein teils erhebliches Risiko. Daher sollte man erst mit anderen Produkten Erfahrungen sammeln, bevor man sich mit Genussscheinen befasst.

Investmentfonds hört man auch oftmals kurz nur als „Fonds". Beides ist 100 % das Gleiche. Ein Fonds ist ein Zusammenschluss von Investoren. Diese werfen ihr Geld in einen gemeinsamen Korb. Ein Fondsmanager verwaltet diesen Korb, und investiert ihn in Aktien. Je nach Menge des Geldes und der Fähigkeit des Fondsmanagers werden dann damit Gewinne erzielt.

Fonds wiederum stehen dem Anleger auf zwei Wegen offen. Entweder, man beteiligt sich direkt an dem Fonds - dazu bringt man seine gewünschte Menge Geld ein, und erhält einen dem entsprechenden Anteil - alternativ kann man auch den Anteil eines anderen Fondsteilnehmers kaufen.

Fonds kaufen und verkaufen Aktien an den Börsen. Sie müssen per Gesetz mindestens Aktien von 16 verschiedenen Unternehmen halten. Dies kann aber je nach Fonds schnell auf mehrere hundert Aktien ansteigen. Die Fonds selbst wiederum werden ebenfalls an den Börsen gehandelt. Ein Vorteil ist dabei, dass man jederzeit seinen eigenen Anteil an den Fonds zurückverkaufen kann. Dies gilt jedoch nicht für geschlossene Fonds.

Für den Einzelnen bedeutet eine Mitgliedschaft in einem Fonds, dass man sich für relativ wenig Geld an einer großen Anzahl Unternehmen beteiligen kann. Das sichert gegen einen Verlust ab. Gleichzeitig muss man sich nicht direkt mit Handel der Aktien befassen. Für den Daytrader ist der Fonds selbst nicht interessant, seine Anteile jedoch, schon.

Wertpapiere sind für den Daytrader aus zweierlei Hinsicht attraktiv. Als Erstes verfügen sie über eine gewisse Volatilität. Ihre Kurse ändern sich schnell und die einzelne Schwankung kann schon leicht mehrere Prozent betragen. Diese gilt auch, und vor allem, am Beginn eines Handelstages. Damit nicht genug. Wertpapiere lassen sich hebeln. Man kann diese Scheine mit einer gewissen Hebelwirkung kaufen. Damit kann man seine Gewinne leicht auf das bis zu 400-Fache der eigentlichen Kursschwankung treiben. Ebenso gut kann man aber auch einen entsprechenden Verlust einfahren.

Wertpapiere gibt es in einer schier unüberschaubaren Anzahl. Das gilt schon allein für die Arten der Papiere, aber mehr noch für die Papiere selbst, die sich im Umlauf befinden. Um dennoch die einzelnen Papiere verfolgen zu können, verfügen diese über eine Kennnummer. In Deutschland werden dazu sogenannte Wertpapier-Kennnummern verwendet, WKN, abgekürzt. International wird jedoch das Kürzel ISIN verwendet.

Zum Ablesen von Trends eignen sich die Indizes. „Indizes" ist das Pluralwort. „Index" ist der Singular. In diesen Indizes werden die Aktien verschiedener Unternehmen zusammengefasst und deren Kurs in Punkten angegeben. Sie bilden sozusagen das Stimmungsbarometer am Markt.

Der wichtigste Index in Deutschland ist der DAX. Hinter der Abkürzung verbirgt sich nichts Anderes als „Deutscher Aktienindex". Im

DAX werden die Aktien der 30 größten Aktienunternehmen Deutschlands zusammengefasst. Damit bedeutet ein Anstieg oder ein Fall des DAX einen durchschnittlichen Anstieg beziehungsweise Fall der vereinten Aktien. Ein Unternehmen kann also einen Einbruch erleben während die anderen Unternehmen einen Höhenflug aufweisen. Damit geht der DAX auch ungeachtet des einen eingebrochenen Unternehmens nach oben. Umgekehrt kann der Fall der Aktien einiger der Unternehme den Anstieg anderer Aktien überdecken und ein Sinken des DAX anzeigen.

Indizes sind vor allem deswegen wichtig, weil sie es auf einen Blick erlauben, die Wirtschaft eines Landes zu überblicken. Daher wird der DAX von den deutschen Investoren immer im Auge behalten, selbst, wenn sie nicht unbedingt mit DAX-Aktien handeln. Neben diesen eher allgemeinen Indizes gibt es aber auch Indizes, die sich auf bestimmte Branchen beziehen. Darunter fallen zum Beispiel die Holz- oder Goldaktien.

Wer nun an den Kauf einer Aktie gehen möchte, muss sich auch über die Aufbewahrung der Aktien Gedanken machen. Geld bewahrt man in seiner Brieftasche und natürlich überwiegend auf dem Bankkonto auf. Bitcoins kommen in eine Wallet. Aktien kann man jedoch nicht einfach so unter seinen Arm klemmen und nach Hause tragen. Aktien kommen in ein Depot. Ein Depot wiederum bekommt man von seinem Händler. Der Händler ist meistens eine Bank. Man bekommt also sein Depot von der Bank seiner Wahl. Alle eigenen Aktien kommen in dieses Depot und werden dort aufbewahrt. Das ist einfach und sicher.

Gerade für Anfänger lohnt sich auch die Eröffnung eines Musterdepots. Dort spielt man mit Monopoly-Geld und echten Aktien. Während man Letztere aber nicht wirklich kauft, kann man aber mit seinem Spielgeld Erfahrungen sammeln und sehen, ob man wirklich das Zeug zu einem erfolgreichen Trader hat. Auf Seiten wie Onvista.de und Wikifolio.com, kann man sich ein solches Musterdepot kostenlos einrichten. Alles geschieht dort virtuell. Auf einigen der Seiten kann man auch anderen Tradern bei ihren Trades zuschauen, und sich die eine oder andere Taktik abgucken.

Natürlich garantiert ein erfolgreiches Musterdepot keinen erfolgreichen Trader, schon gar nicht im Day-Trading. Musterdepots sind leicht zu führen. Man riskiert kein echtes Geld und fällt daher logische Entscheidungen. In einem echten Depot jedoch kommen Verlustängste und Aufregung dazu. Diese werden beim Day-Trading sogar noch viel schlimmer. Hier geschieht der ganze Handel schließlich unter einem enormen Zeitdruck.

Nun muss man aber als Trader Aktien handeln. Dabei ist es unwichtig, wie man dabei vorgeht, ob als lang- oder mittelfristige Anlage oder als Action lastiger Daytrader. Wie festgestellt, kann man nicht einfach zur Börse gehen und sich die Aktien in die Tasche stecken oder unter den Arm klemmen. Was man braucht, ist nicht nur ein Depot, um die Aktion aufzubewahren, sondern auch eine Möglichkeit, die Aktien als solche überhaupt erst einmal zu kaufen. Dazu gibt es im Wesentlichen zwei Wege.

Der einfachste Weg ist das Depot bei der eigenen Bank. Diese kennt man und dort kann man sich auch persönlich beraten lassen. Das eignet sich gerade als langfristiger Anleger und vor allem dann, wenn man selbst absolut keine Ahnung vom Aktienhandel hat. Der Nachteil sind jedoch die hohen Gebühren und der lange Verzug zwischen einer Order und deren Ausführung. Daher ist dieser Weg für einen Daytrader kein Weg.

Online-Banken bieten dagegen oftmals ein kostenloses Depot. Damit nicht genug kann man seine Aufträge schnell, von seinen eigenen vier Wänden aus, eingeben. Öffnungszeiten sind hier nicht wichtig. Die Bearbeitung der Aufträge erfolgt sehr schnell. Für die Sicherheit sorgt eine verschlüsselte Verbindung. Natürlich gibt es dabei aber keine persönliche Beratung.

Selbstverständlich sind die Kosten ein erheblicher Faktor. Eine Bank berechnet schon mal 20 € bis 30 € für ein Depot, im Jahr, während Onlinebanken eher kostenlos sind. Das ist aber nicht alles. Für jede einzelne Order bezahlt man extra. Dabei können recht komplizierte Preise entstehen. Diese berechnen sich aus einem festen Betrag pro Order, plus einem Prozentsatz der Order. Dazu kommen Mindestgebühren und Maximalgebühren. Man kann also schon für einen Auftrag 5 € plus 0,25 % bezahlen. Dabei ist die Mindestgebühr 10 € und die Höchstgebühr bis zu 99 €. Diese Zahlen sind jedoch nur ein Richtwert und können sich je nach Bank unterscheiden. Dazu kommen oftmals extra Kosten für besondere Aufträge. Für Daytrader, die oft viele und schnelle Aufträge durchführen, sind diese Kosten von besonderer Bedeutung.

Der Kurs

Die Börse ist der Handelsplatz für Aktien und andere Wertpapiere. Die Börse verfolgt die Kurse der Papiere, doch sie macht diese Kurse nicht selbst. Bestimmt werden die Kurse von den Händlern, von den Käufern und Verkäufern. Grob gesagt bestimmen das Angebot und die Nachfrage den Preis.

Die Börse funktioniert mit ihrem Kauf und Verkauf automatisch. Verkäufer stellen einen Verkaufsauftrag in die Börse. Dabei legen sie fest welche Aktien, wie viele davon und zu welchem Preis sie verkaufen wollen. Die Käufer wiederum erstellen Kaufanträge. Auch sie legen die Art der Aktie, deren Anzahl und den Preis fest. Treffen sich zwei Angebote, ein Verkaufs- und ein Kaufangebot mit den gleichen Parametern, wird der Kauf automatisch ausgeführt. Der Preis dieses Verkaufs wird von der Börse veröffentlicht. Dies geschieht je nach Börse mehrere Male pro Sekunde. Besonders Onlinebörsen aktualisieren ihre Daten sehr häufig.

Der Kurs, der durch den letzten Verkauf erzielt wurde, ist jedoch nur ein historischer Kurs. Er bezeichnet den letzten, vergangenen Handel und hat keinerlei Aussagekraft für die Zukunft. Man kann daraus nicht ablesen, ob man ein gleiches Angebot, zu einem gleichen Preis, noch einmal bekommt. Das gilt sowohl für den Kauf als auch für den Verkauf. Dennoch kann man diesen historischen Kurs als einen Richtwert nehmen.

Neben dem Festhalten der vergangenen Käufe und Verkäufe hat die Börse eine weitere sehr wichtige Funktion. Sie führt das Orderbuch. In diesem Buch, oder besser, dieser Datei, befinden sich alle Kaufs- und Verkaufsanträge, die an dieser Börse eingestellt wurden. Diese enthalten jeweils die Aktien, deren Anzahl und deren Preis, sei es für den Kauf oder für den Verkauf.

Das Orderbuch erlaubt es der Börse zwei weitere Kurse zu veröffentlichen. Den Geld- und den Briefkurs, englisch Bid und Ask. Ein Bid ist ein Angebot des Käufers für eine Aktie. Dieses Bid enthält einen Preis. Alle Bids für eine bestimmte Aktie haben unterschiedliche Preise. Den Preis des höchsten Bids veröffentlicht die Börse als den sogenannten Geldkurs. Dieser Kurs ist also der höchste Preis, zu dem zumindest ein Käufer bereit ist, die Aktie zu kaufen.

Ein Ask ist ein Verkaufsangebot. Auch diese Angebote haben natürlich unterschiedliche Preise. Der niedrigste Preis eines Asks, für eine Aktie, wird ebenfalls von der Börse veröffentlicht. Dieser Preis ist der sogenannte Briefkurs. Das ist der niedrigste Preis, zu dem mindestens ein Verkäufer an dieser Börse bereit ist, die jeweilige Aktie zu verkaufen.

Der Geld- und der Briefkurs werden von der Börse ebenfalls mehrmals pro Sekunde aktualisiert und zusammen mit der Anzahl der gewünschten oder zum Verkauf stehenden Aktien veröffentlicht. Dabei liegt gewöhnlich der Briefkurs etwas oberhalb des Geldkurses, denn sonst ergäbe es ein Match. Würden Geld- und Briefkurs gleichauf oder der Geldkurs höher als der Briefkurs liegen, würde die Börse diese als einen Verkauf ausführen und der Kurs würde zu einem historischen Kurs werden.

Die Börse bietet für eine Aktie mithin drei Kurse: den historischen Kurs, den Geld- und den Briefkurs. Der Geld- und Briefkurs repräsentiert den Wert der Aktie dabei am besten, denn dies sind die aktuellen Angebote, während der historische Kurs sich auf den letzten Verkauf bezieht.

Warum schwanken die Kurse so oft und so schnell? Nehmen wir ein Beispiel. Sagen wir, die Aktie von der AG XYZ liegt bei ungefähr 50 €. Der historische Kurs liegt bei genau 50,25 €. Der letzte Verkauf wurde also zum Preis von 50,25 € ausgeführt. Der Geldkurs liegt bei 50,20 €. Der nächste Käufer ist also nur bereit 50,20 € für diese Aktie zu bezahlen. Der Briefkurs liegt bei 50,30 €. Der nächste Verkäufer möchte jedoch wenigstens 50,30 € für seine Aktien. Jetzt kommt ein neuer Käufer auf das Parkett. Dieser gibt einen Kaufantrag für die Aktie von XYZ heraus, setzt aber keinen Preis dafür fest. Damit kauft er die Aktie sofort für den Preis von 50,30 €, dem niedrigsten, bestehenden Angebot. Damit steigt der historische Kurs sofort auf 50,30 €, denn das ist nun der letzte Verkauf. Der Briefkurs steigt nun auf den Preis des nächsthöheren Verkäufers, sagen wir 50,33 €. Der Geldkurs jedoch bleibt weiterhin bei 50,20 €, denn dieser Käufer hat sich nicht geändert. Sollte jetzt aber ein neuer Käufer auftreten und einen Kaufantrag mit 50,28 € eingeben, dann geht der Geldkurs auf 50,28 € nach oben. Der Briefkurs steht jedoch weiterhin bei 50,33 €, denn bei den Verkäufern hat sich nichts geändert und der historische Kurs bleibt bei 50,30 €, denn es kommt kein neuer Verkauf zustande.

Die Differenz zwischen dem Geld- und dem Briefkurs wird Spread genannt. In unserem Beispiel war der Geldkurs 50,28 € und der Briefkurs 50,33 €. Der Spread liegt also bei 0,05 €. Der Spread kann im Laufe eines Handelstages mehrmals wachsen und schrumpfen.

Neben diesen kurzen Sprüngen haben Aktien aber auch länger dauernde Tendenzen. Diese können sich über einen Tag, über Wochen, Monate und sogar Jahre erstrecken. Diese Tendenzen ergeben sich aus dem Angebot und der Nachfrage. Wenn immer mehr Käufer eine bestimmte Aktie kaufen wollen, ziehen die Verkäufer ihre Preise natürlich an. Sie bieten also immer höhere Verkaufspreise. Die Verkäufe kommen dann nur zustande, wenn die Käufer nachziehen. Damit ergibt sich ein immer höherer Preis. Umgekehrt kann der Preis aber auch auf die gleiche Weise fallen. Wollen immer mehr Leute ihre Aktien verkaufen und immer weniger Käufer diese Aktie erwerben, dann ziehen die Käufer den Preis nach unten. Die Verkäufer müssen dem nun folgen oder sie können ihre Aktien nicht verkaufen. Daraus ergibt sich ein über einen längeren Zeitraum erstreckender Kursverfall.

Die Börse kauft und verkauft die Aktien nicht. Sie führt nur die Aufträge aus und kann dies nur zu den Preisen tun, die die Käufer beziehungsweise Verkäufer, wünschen. Damit aber nicht genug. Die Liquidität der Aktie hat ebenfalls einen erheblichen Anteil an deren Kurs. Als Liquidität wird die Menge der jeweiligen Aktie auf dem Markt bezeichnet.

Hat eine bestimmte Aktie nur eine kleine Anzahl, die gehandelt wird, kann der Spread sehr groß werden. Die Chancen sind groß, dass sich die Vorstellungen über den Preis bei den Käufern und Verkäufern nicht decken. Auf der anderen Seite, wenn die Aktie mit einer großen Stückzahl gehandelt wird, dann ist es leichter, deckende Preise zu finden. Damit schwanken die Kurse weniger und der Spread bleibt relativ klein. Aber auch bei großen Aktienzahlen kann es zu starken Schwankungen kommen. Das ist aber eben nicht so häufig der Fall.

Der Preis, den eine Börse für jeden erfolgreichen Kauf- beziehungsweise Verkaufsantrag verlangt, hat ebenfalls einen Einfluss auf den Kurs. Je höher diese Transaktionskosten ausfallen, desto mehr muss ein Händler umsetzen. Die Aufträge werden in ihrem Volumen also größer, was wiederum den Preis beeinflusst.

Die Charts

Wer Aktien handeln möchte, der muss auch die Aktienkurse ablesen können. Diese werden in einem Chart dargestellt. Die Charts zeigen dabei meistens auf zwei Achsen die wesentlichsten Informationen. Auf der vertikalen Achse zeigen sie den Wert der Aktie, auf der horizontalen Achse, zeigen sie den Zeitraum. Dazu kommt noch eine Reihe weiterer wichtiger Informationen. Fangen wir aber mit den einfachen Informationen und den einfachen Charts an.

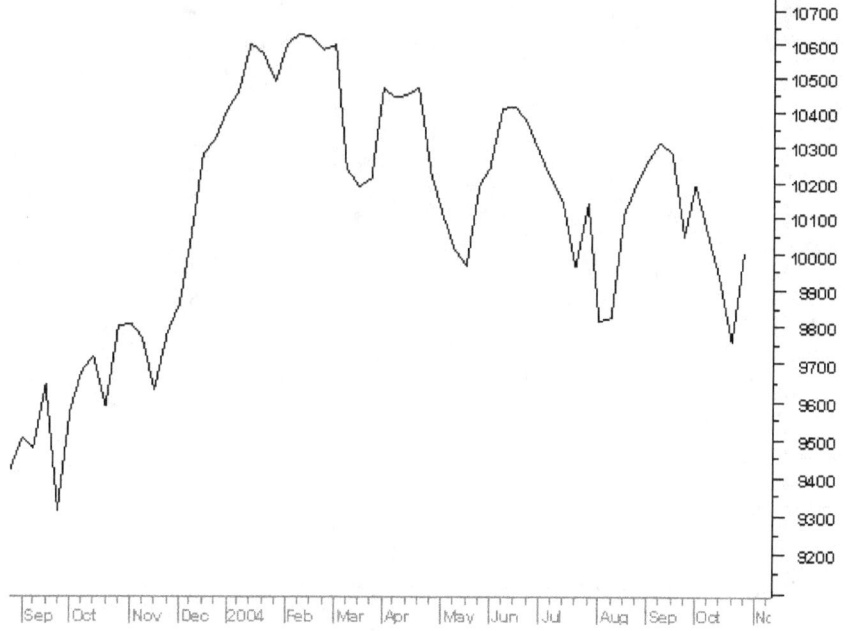

Linienchart

Der einfachste Chart ist ein Linienchart. Dieser zeigt nur die Informationen Zeit und Kurs. Der gewünschte Zeitraum, zum Beispiel ein

Jahr, wird dabei in Punkten dargestellt. Für jeden Tag oder jede Woche wird eine Momentaufnahme des Aktienwertes für diesen Moment gezeigt. Diese Punkte werden dann mit einer Linie verbunden. Daraus lassen sich dann Tendenzen ablesen.

Liniencharts eignen sich vor allem für die Darstellung längerer Zeiträume. Hier kommt es nicht auf so viele tägliche Informationen an. Gerade aufgrund der Spärlichkeit der Informationen bleiben die Liniendiagramme dann auch übersichtlich. **Für kurzfristige Beobachtungen eignen sie sich dagegen weniger, weil besonders Tagesschwankungen unberücksichtigt bleiben.**

Balken- beziehungsweise Barchart

Balkencharts, auch Barcharts genannt, bringen vor allem für die Analyse eines kurzen Zeitraumes wichtige Informationen, die in einem Linienchart fehlen. **Während Liniencharts nur längerfristig Trends erkennen lassen, bringen Balkencharts auch noch die** täglichen Kursentwicklungen ins Bild.

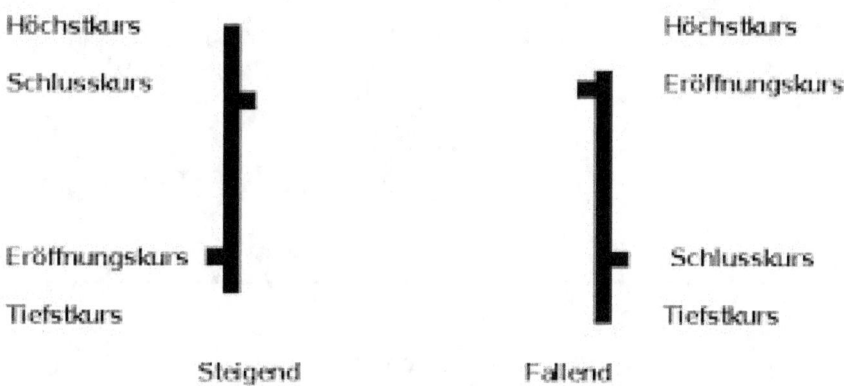

Balkenchart erklärt

Die zusätzlichen Informationen im Balkenchart beinhalten den täglichen Höchstkurs, den Tiefstkurs, den Eröffnungs- und den Schlusskurs. Der Tag selbst wird dabei als ein senkrechter Balken dargestellt. Der höchste Punkt des Balkens ist der Höchstkurs des Tages. Der tiefste Punkt des Balkens ist der Tiefstkurs. Wenn der Handelstag an einer Börse beginnt, dann gibt es einen Eröffnungskurs. Dieser erscheint als kleine, waagerechte Linie auf der linken Seite des Balkens. Der Schlusskurs des Tages wiederum erscheint als kleine, waagerechte Linie auf der rechten Seite des Balkens. Damit lassen sich die Tagesentwicklungen mit den Wochenendwicklungen vergleichen.

Die einzelnen Tage werden durch Linien verbunden, die vom Schlusskurs des letzten Tages zum Eröffnungskurs des nächsten Tages reichen. Die wichtigste Eigenschaft von Balkencharts ist, dass man mit ihnen Trendkanäle entwickeln kann, doch dazu später mehr.

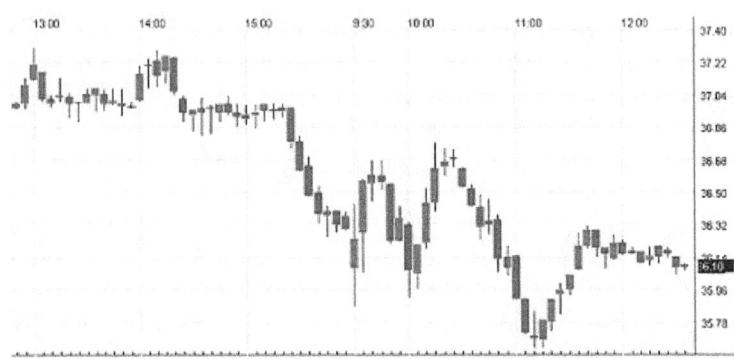

Kerzenchart

Der heutige Stand der Anzeige ist der sogenannte Kerzenchart. Er verdankt seinen Namen davon, dass die einzelnen Tage in Form einer Kerze angezeigt werden. Diese Kerzen können in Grün und Rot oder in Weiß und Schwarz gehalten sein. Im Wesentlichen zeigen die Kerzencharts die gleichen Informationen wie der Balkenchart an.

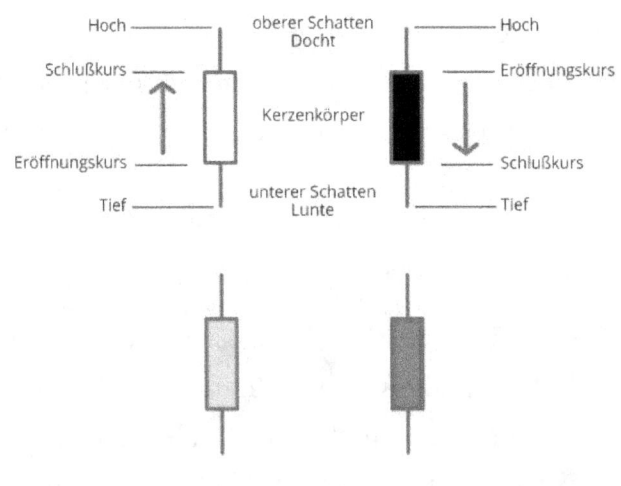

Kerzenchart

Der Bereich zwischen dem Eröffnungskurs und dem Schlusskurs ist die sogenannte Kerze. Weiß beziehungsweise Grün bedeuten einen höheren Schlusskurs, als Eröffnungskurs. Die Aktie stieg also über den Tag. Der Docht beziehungsweise die Lunte, zeigt noch immer die Spanne zwischen dem Höchst- und dem Tiefstkurs eines Handelstages. Eine schwarze beziehungsweise rote Kerze bedeutet einen sinkenden Tageskurs. Hier ist der Schlusskurs niedriger als der Eröffnungskurs.

Für den Daytrader ist es wichtig sehr schnell Entwicklungen zu erkennen. Diese Entwicklungen selbst haben jedoch nur relativ geringe Ausschläge. Es ist also die Anwendung bestimmter Techniken nötig, um auch mit diesen geringen Ausschlägen verwertbare Werte zu erhalten. Die beiden wichtigsten sind dabei der gleitende Durchschnitt und der Trendkanal.

Der gleitende Durchschnitt, auch MA, von Moving Average, genannt, ist der Durchschnittswert einer Aktie für einen bestimmten Zeitraum. Übliche Zeiträume sind 20, 50 und 200 Tage. Daraus ergeben sich die MA 20, MA 50 und MA 200.

Der gleitende Durchschnitt wird dadurch gebildet, dass man den Durchschnittswert für alle Tage zusammen für diesen Zeitraum nimmt. Für den MA 20 nimmt man also für die letzten Tage den Wert der Aktie, an den jeweiligen Tagen, und berechnet daraus einen Durchschnittswert. Einen Tag später wird diese Berechnung wiederholt, nur dass der älteste Tag aus der Berechnung herausgenommen und durch den neuen Tag ersetzt wird. Damit erhält man ein Bild für die Aktie, das nicht genau für den heutigen Tag ist, aber den Trend der letzten Tage sehr eindeutig abbildet.

Ein Trendkanal wiederum ist ein weiteres Mittel, eine Entwicklung der Vergangenheit in eine Vorhersage der Zukunft zu verwandeln. Die Idee ist, einen Kanal in den Chart zu zeichnen, der die Ausschläge der Aktie abbildet, und so den Einsatz von bestimmten Kauf- und Verkaufsstrategien zu ermöglichen.

Einen Trendkanal erhält man, indem man sich einen Chart für einen Zeitraum anzeigt. In diesem Zeitraum sollte die Aktie permanent gestiegen oder gefallen sein. Man nimmt nun zwei Höchststände und verbindet diese, und verlängert die so entstandene Linie über die beiden Punkte hinaus. Man erhält eine Linie, die die Ausschläge nach oben abgrenzt. Jetzt wiederholt man das Gleiche für die Tiefststände. Der Bereich zwischen beiden Linien ist der Trendkanal. Hier kann man nun ablesen, wie weit die Aktie zwischen dem üblichen Hoch und Tief schwankt. Das ergibt dann die Grundlage für die Entscheidungen des Day-Tradings.

Wichtige Regeln

Day-Trading ist ein sehr anstrengender Weg, Geld zu machen. Man muss schnelle Entscheidungen treffen. Man muss schnell Daten aufnehmen und verstehen. Man setzt Tausende von Euros ein, und jede falsche Entscheidung kann das ganze Geld kosten. Das bringt Stress und das bringt Emotionen. Gerade deshalb ist es wichtig, feste Regeln für sich festzulegen, und diese Regeln nicht zu vergessen. Wer sich nämlich mitreißen lässt, der verliert.

Gerade für Anfänger gilt, dass es nicht auf den Gewinn ankommt. Das Erste und Wichtigste ist die Risikominimierung. Damit kann man dann länger auf dem Parkett handeln. Damit kann man Erfahrungen sammeln. Damit kann man lernen, um dann wirklich ein erfolgreicher Daytrader zu werden.

Die Annahme, dass man einfach ein paar Klicks ausführt und dann einen großen Gewinn macht, ist grundfalsch. Es geht vielmehr um eine Reihe mäßiger Gewinne. Dafür aber riskiert man auch regelmäßig Verluste. Um dies einmal zu verdeutlichen, sollte man einen Daytrader einfach mit einem Angestellten vergleichen. Der Angestellte geht jeden Tag zur Arbeit. Der Daytrader bleibt wahrscheinlich daheim. Der Angestellte bekommt jeden Monat seinen festen Lohn. Der Daytrader hängt finanziell von den Unbilden des Marktes ab. Anders ausgedrückt: Während der Angestellte kalkulieren kann, wann er wie viel gespart hat, kann der

Daytrader absolut nicht vorhersagen, wie viel Geld er im nächsten Monat haben wird. Der Angestellte kontrolliert nicht das Unternehmen. Der Daytrader kontrolliert seine eigenen Handlungen. Sollte der Betrieb pleitegehen, hat der Angestellte einen guten Lebenslauf und kann einen neuen Job finden. Bis dahin gibt es Arbeitslosengeld. Sein Geld aber kann der Angestellte auch nach dem Jobverlust noch immer sicher auf seinem Bankkonto wissen. Hat der Daytrader eine falsche Entscheidung getroffen, ist sein Geld weg. Er bekommt kein Arbeitslosengeld, denn er hatte keinen Job. Er hat ein Problem, einen neuen Job zu finden, denn er hatte keinen Job während des Day-Trading, und er war beim Trading nicht gerade erfolgreich. Kurz gesagt: Der Angestellte riskiert nichts und der Daytrader alles. Daher muss der Daytrader sehr vorsichtig vorgehen, um zu lernen. Nur wenn er richtig erfahren ist, kann er durchstarten.

Daytrader sollten nur mit dem Geld traden, das sie sich leisten können, zu verlieren. Dabei sollten sie aber nicht das gesamte Geld einsetzen, das sie verlieren können. Aus jedem Trade sollte man lernen können. Wenn man also einen Verlust gemacht hat, sollte noch genug Geld vorhanden sein, damit man aus der Erfahrung lernen und weitermachen kann.

Am Anfang sollte man nicht versuchen, einfach zu traden. In diesem Buch werden bestimmte Strategien besprochen. Diese Strategien haben wiederum bestimmte Voraussetzungen. Neue Daytrader sollten gezielt nach Aktien suchen, die diese Voraussetzungen erfüllen, und nur mit diesen Aktien handeln. Damit ist nicht nur die Chance am größten, einen Erfolg zu erzielen, man hat auch das ganze Geschehen unter Kontrolle. Wenn dann etwas schiefgehen sollte, weiß man, was man gemacht hat und kann seine Strategie verfeinern.

Daraus ergibt sich, dass ein Anfänger nur selten traden sollte. Damit hat er genug Zeit, sich an die Trades heranzutasten. Er kann die Aktien im Auge behalten und nach günstigen Gelegenheiten suchen. Ist der Trade gemacht, hat der Trader Zeit, das Geschehen zu verarbeiten und zu verstehen, was er richtig oder falsch gemacht hat. Gelegentliches Traden bedeutet auch nur einen geringeren Einsatz an Finanzmitteln. Das wiederum senkt potenzielle Verluste, im Falle der Trade nicht nach Plan geht.

Einzelne und seltene Trades erlauben es auch, die eigenen Emotionen unter Kontrolle zu halten. Wer ein Dutzend Charts im Auge behält, verfällt gerade als Anfänger schnell in Hektik, und die Emotionen kochen über. Besser ist es, sich auf nur einen Chart zu konzentrieren. Diesen wiederum hat man vorher aus verschiedenen Charts herausgesucht, weil er die Voraussetzungen für ein erfolgreiches Geschäft aufweist.

Angst und Gier sind beim Daytraden der größte Feind. Sie übernehmen nur zu gerne die Regie. Dies gilt umso mehr unter dem Zeitdruck des Day-Tradings. Daher sollte man gerade am absoluten Anfang versuchen, Strategien, die den Zeitdruck nur erhöhen, zu vermeiden. Darunter fallen Scalping-Strategien und 15-Minuten-Trades.

Wer sich die aktuellen Charts ansieht, kann sehr schnell Entwicklungen übersehen, wenn der Zeitraum der Charts zu kurz gewählt ist. Daher ist es im Day-Trading besser, mit Minuten- oder Stundencharts anstatt Sekundencharts zu arbeiten.

Day-Trading hat einen sehr wichtigen Vorteil. Es gibt eine riesige

Menge möglicher Trades. Das ist aber auch ein Nachteil. Das Trading kann sehr schnell unübersichtlich werden. Daher ist es wichtig, sich die Zeit zu nehmen und Risikos abzuwägen. Man muss nicht jeden Trade mitnehmen. Wichtiger ist es, den richtigen Trade zu finden. Daher sollte ein Daytrader nur die wirklich günstigen Trades suchen und auf diese eingehen.

Bevor man in einen Trade geht, sollte man sich eine, der in diesem Buch beschriebenen Strategien, verinnerlichen und diese im Geiste mehrfach durchspielen. Besonders der 15-Minuten-Trade ist dabei etwas, mit dem man wirklich nicht anfangen sollte. Für diesen Trade braucht man schon etwas Erfahrung. Gut geeignet ist der 9/30-Trade.

Hat man sich für ein Trade-Setup entschieden und dieses im Geiste mehrfach durchgespielt, dann geht es nun, die passende Aktie zu finden. Dazu vergleicht man interessante Aktien der letzten Tage oder des letzten Monats. Es schadet auch nichts, sich das gesamte Jahr für diese Aktie anzuzeigen. Letzteres ist aber mehr ein nettes Extra. Day-Trading setzt auf aktuelle Trends, daher ist der wichtigste Zeitraum die letzten 7 Tage.

Hat man eine wirklich gute Aktie gefunden, dann geht es darum, zu überprüfen, ob nicht vielleicht doch etwas gegen diese Aktie spricht. Gegen einen Trade können gleich mehrere Gründe sprechen. Zum Beispiel könnte die Aktie in einer Konsolidierungszone feststecken. Das erkennt man an den Ausschlägen der Aktienkurse. Diese sind wild und unvorhersehbar.

Ein weiterer Grund gegen einen Einstieg ist eine Signalkerze, die gegen den Trend spricht. Erinnern wir uns, in dem Kerzendiagramm liegt eine Kerze zwischen dem Eröffnungs- und dem Schlusskurs. Ist der Eröffnungskurs höher als der Schlusskurs, dann ist die Kerze schwarz oder rot. Ist der Schlusskurs höher als der Eröffnungskurs, dann ist die Kerze weiß oder grün. Wäre der Trend nun so, dass die Aktie über die letzten Tage gestiegen ist und die Kerze ist nun rot, dann steht diese Kerze gegen den Trend. Der Trend war steigend, aber die Kerze zeigt fallend. Umgedreht: War der Kurs der letzten Tage fallend und ist die Kerze grün, dann war der letzte Tag steigend. In beiden Fällen also, wenn die Kerze gegen den Trend steht, lässt man besser die Finger von dieser Aktie.

Ein weiteres Gegenanzeichen ist die Kursspanne. Wenn diese innerhalb der Anzeige für einen Tag zu weit ist, wenn also der Eröffnungskurs und der Schlusskurs ungewöhnlich weit auseinanderliegen, dann deutet das auf eine Erschöpfung hin. Hier kann der Trend einbrechen. Das Risiko ist also höher als normal. Daher auch hier einfach die Finger davon lassen.

Auf der anderen Seite sollte man aber auch nicht zu vorsichtig sein. Vorsicht ist eine Hilfe und kein Grund zur Lähmung. Am besten sucht man sich den Kurs, der einfach zu gut zum Ignorieren ist. Den kann man dann mit ruhigem Gewissen für seinen Day-Trade verwenden.

Wenn man dann den Kurs gefunden hat, der zu gut zum Ignorieren ist, muss man auch die nächste Falle vermeiden. Daytrader, oder auch jeder andere Trader, versuchen eigentlich immer, den Höchst- oder Tiefststand abzupassen. Leider aber weiß man nie so recht, welcher das sein wird und wann dieser auftritt. Daher sollte man nicht den

Helden spielen und sich in diese Extreme verbeißen. Umgekehrt ist man auch kein Versager, wenn man schon vor dem Scheitelpunkt zugeschlagen hat. Der Trend ist nicht der Feind, und man sollte nicht gegen den Trend kämpfen, um auch noch das letzte Quäntchen herauszuschlagen. Vielmehr sollte man mit dem Trend arbeiten und sich über einen sicheren Profit freuen.

Das Ziel ist nicht, ein Held zu sein, sondern konstanten Gewinn zu erwirtschaften. Dazu braucht man Beharrlichkeit. Anstatt den Höchst- oder Tiefststand abzupassen, kann man denselben Trend mehrfach in Folge benutzen. Viele, kleinere Gewinne sind oft einträglicher als ein großer. Wer wirklich lieber einen großen Profit möchte, der muss die Aktien länger halten. Day-Trading ist auf schnelle, kleine Gewinne ausgelegt. Wer sich das verdeutlicht, versteht auch, warum es nicht auf das Hinterherhetzen nach dem Ideal ankommt.

Besonders Anfänger gehen oftmals mit Gefühl anstatt mit Verstand vor. Dies ist besonders dann der Fall, wenn Bewegung in den Kurs kommt. Hier ist es aber wichtig, einen klaren Kopf zu behalten. Dazu setzt man sich feste Gewinnziele und Verluststopps. Werden diese einmal erreicht, dann passt man sie nicht dem Trend entsprechend erneut an. Stattdessen hält man an diesen vorher definierten Zielen und Stopps absolut fest. Die Anpassung der Ziele und Stopps sollte man lieber den erfahrenen Tradern überlassen, die sich in den Markt regelrecht hineindenken können. Ohne Erfahrung aber verliert man nur allzu leicht den Kopf.

Sollte die Versuchung zu groß werden, die Gewinnziele beziehungsweise die Verluststopps anzupassen, so sollte man dies mit dem Bleistift tun. Das Geld verwendet man wie geplant, doch auf dem Papier berechnet man mit dem Bleistift die Veränderung. Hat man dies mehrere Male getan, wird man sehr schnell sehen, wie erfolgreich das eigene Gefühl ist. Für eine gute Beurteilung der eigenen Fähigkeiten braucht man mindestens 30, besser noch 50, solcher auf dem Papier angepassten Ziele beziehungsweise Stopps. In den meisten Fällen wird eine Auswertung dieser Papieranpassung ein negatives Ergebnis anzeigen. Daher: Nicht verleiten lassen.

9/30-Trading

Das 9/30-Trading arbeitet mit dem Trend. Es geht darum, den Trend selbst richtig abzulesen und kurzfristige Einbrüche in diesem Trend auszunutzen. Dabei kann man einen längeren Handelsrahmen oder einen kürzeren wählen.

Der längere Handelsrahmen erlaubt es, den Trend als solchen auszunutzen. Dabei hält man die Aktie über Tage oder auch Wochen und verkauft sie erst nach einer ordentlichen Kurszunahme. Diese kann leicht mehr als 20 % betragen.

Der kürzere Handelsrahmen erlaubt es, ein kurzfristiges Tief auszunutzen und damit über einen kürzeren Zeitraum hinweg einen netten Gewinn zu machen. Man hält die Aktie nur Tage oder auch nur Stunden und verkauft sie nach einer schnellen und hohen Kurszunahme wieder.

Das Wichtigste im 9/30-Trading ist, den Trend korrekt abzulesen beziehungsweise ihn überhaupt erst zu erkennen. Dazu werden zwei Hilfsmittel benutzt. Das eine ist der gleitende Durchschnitt MA 9, und das andere der gleitende Durchschnitt MA 30.

Wie im Kapitel „Der Kurs" beschrieben, ist der gleitende Durchschnitt der Durchschnitt des Wertes einer Aktie oder eines Wertpapieres, der über mehrere Tage gesammelt wird. Der gleitende Durchschnitt wird MA abgekürzt und mit der Anzahl der Tage ergänzt. MA 9 ist der gleitende Durchschnitt der letzten 9 Tage. MA 30 ist der gleitende Durchschnitt der letzten 30 Tage. Lässt man sich beide Werte in einem Chart anzeigen, dann kann man den langfristigen Trend mit dem kurzfristigen Trend vergleichen.

Eine Aktie mit einem stetigen, langen Trend hat oft einen wechselhaften kurzen Trend. Legt man also den MA 9 und den MA 30 zusammen in einen Chart, dann ergibt sich oftmals ein interessantes Bild. Der MA 30 zeigt eine lange Linie mit geringen Ausschlägen, während sich der MA 9 mehr oder weniger um diese Linie schlängelt. Das wird mit dem 9/30-Trading ausgenutzt.

Im langen Handelsrahmen liegt der MA 9 über dem MA 30. Beide sind ansteigend. Man verfolgt den Kurs dieser Aktie, bis sie für einen Tag einbricht. Dazu benutzt man am besten einen Kerzenchart. Dort verfolgt man die täglichen Kerzen in Relation zum MA 9. Das Ziel ist der Tag, an dem die gesamte Kerze unterhalb des MA 9 liegt. Die Kerze wird zwischen dem Eröffnungs- und dem Schlusskurs gebildet. Diese Kerze sollte jetzt rot oder schwarz sein. Das heißt, der Schlusskurs liegt unter dem Eröffnungskurs. Jetzt ist es Zeit, zuzuschlagen.

Der Day-Trader sollte jetzt zwei Aufträge eingeben. Der Erste ist eine Kauforder. Damit soll die Aktie unabhängig vom Preis gekauft werden. Das sichert einen schnellen Anstieg der Anzahl der Aktien im Depot. Dazu kommt ein Kaufstopp-Auftrag. Den legt man mit dem Preis des höchsten Punktes der Kerze, die sich unter dem MA 9 befindet. Damit wird die Position geschlossen, wenn sie unrentabel wird. Dazu sollte man, je nach seiner Finanzkraft, auch ein zeitlichen beziehungsweise einen Volumenstopp eingeben. Jetzt gilt es abzuwarten.

Mit dem neuen Handelstag wird die Aktie jetzt wie gewünscht von dem Broker gekauft. Da aber der MA 9 zuvor über dem MA 30 lag und beide Kurse anstiegen, besteht jetzt eine sehr gute Chance, dass die Aktie bald wieder steigt. Dies kann innerhalb eines Tages geschehen, doch es lohnt sich mehr, diese Aktie länger zu halten. Innerhalb von einer oder zwei Wochen sollten mehr als 10 % und bis zu 20 % Gewinn möglich sein.

Im 9/30-Trading, mit einem kurzen Handelsrahmen, sucht man sich eine Aktie, deren MA 30 konstant ansteigt. Der MA 9 dieser Aktie sollte sich jedoch oft mit dem MA 30 kreuzen. Nun wartet man, bis der MA 9 wieder unter dem MA 30 liegt. Das Day-Trading beginnt, sobald in dieser Konstellation eine gesamte Kerze über dem MA 9, aber noch unter dem MA 30, liegt. Diese Kerze sollte grün oder weiß sein. Damit liegt dann der Schlusskurs über dem Eröffnungskurs. Da der MA 9 dieser Aktie stark schwankt, wird sie sehr bald wieder über dem MA 30 liegen. Man beginnt den Kauf dann, wenn der Abstand des MA 9 zum MA 30 in etwa dem Wert entspricht, wie beim letzten Anstieg des MA 9.

Für den kurzen Handelsrahmen im 9/30-Trading braucht man einen kurzen Kaufantrag mit offenem Preis und einem Kaufstopp am Wert des MA 30. Danach braucht man einen Verkaufsstopp für die Zeit, wenn man seine Aktie verkauft. Auch der Verkaufsstopp sollte sich am Wert des MA 30 orientieren.

Der Vorteil des kurzen Handelsrahmens, im Vergleich zum langen Setup ist, dass man relativ schnell einen guten Gewinn machen kann. Der Nachteil ist jedoch, dass bei einer stark schwankenden Aktie eine größere Gefahr für einen generellen Absturz besteht.

Das gesamte 9/30-Trading wiederum hat einen sehr großen Vorteil, gerade für Anfänger. Es ist sehr einfach auszuführen. Man muss keine komplizierten Entscheidungen in der Hitze des Gefechts fällen. Stattdessen muss man nur auf die richtigen Zahlen beziehungsweise die richtigen Charts warten. Man kann einfach die hier gemachten Erklärungen nutzen, und nach Charts suchen, in welchen der MA 9 längere Zeit über dem MA 30 liegt, für das lange Setup oder sich der MA 9 um den MA 30 schlängelt, für das kurze Setup. Wichtig ist nur zu erkennen, dass der MA 30 langfristig ansteigt.

Ein weiterer Vorteil ist die hohe Erfolgsaussicht. Gerade für die sehr vorsichtigen Trader, die wirklich warten, bis eine gesamte Kerze über beziehungsweise unter dem MA 9 liegt, ergeben sich hier sehr hohe Chancen, einen Gewinn zu erzielen. Das liegt an der allgemein steigenden Tendenz, in welcher man nur die natürlichen Verwerfungen ausnutzt. Aber auch hier gibt es keine absolute Sicherheit. Trends können sich schnell wenden. Um dem vorzubeugen, sollte man auch auf die Länge der Kerzen achten. Besonders lange Kerzen sind ein Warnhinweis für eine Trendwende. Hier sollte man eher Vorsicht walten lassen.

Wichtig ist jedoch auch sowohl beim kurzen wie beim langen Handelsrahmen, dass man sich ein vernünftiges Kursziel basierend auf dem bisherigen Kursverlauf setzt. Es ist besser einen kleineren, sicheren Gewinn einzustreichen, anstatt sich über hohe Aktien zu freuen, bis diese dann abstürzen.

Swing-Trading

Die Idee der Aktiencharts ist es, die Trends zu erkennen. Damit will man entweder eine Basis für einen Plan oder eine Bestätigung für einen bestehenden Plan bekommen. Wichtig ist jedoch bei der Analyse eines Charts, gute Trends erkennbar zu machen, ohne dabei gefährliche Trends zu ignorieren. Ein guter Weg, besonders für Anfänger, ist das Swing-Trading mit zwei Zeitrahmen oder sogar noch besser drei Zeitrahmen.

Drei Zeitrahmen geben mehr Informationen und damit Sicherheit, doch sie nehmen ein wenig die Übersichtlichkeit. Daher sollte man gerade als Anfänger experimentieren. Kann man einen Chart ohne Probleme handhaben, dann schaltet man einen Zweiten dazu. Kann man zwei Charts problemlos permanent ablesen und miteinander in Verbindung bringen, dann geht man zu drei Charts über. Geht auch das ohne Probleme vonstatten, dann ist es nicht Zeit, einen vierten Chart zu verwenden. Es ist vielmehr Zeit, mehr technische Indikatoren zu benutzen.

Fangen wir aber zunächst mit dem einfachen Setup an. Dazu braucht man zwei Charts. Der Erste ist der tägliche Chart. Hier kann man schnelle Entwicklungen sofort sehen. Der zweite Chart ist der Wochenchart. Hier kann man längere Trends ablesen. Wer nun schon etwas Erfahrung sammeln konnte oder einfach die Chartanalyse im Blut hat, der kann noch den Monatschart hinzuschalten.

Der Wochenchart ermöglicht es, einen generellen Trend zu erkennen. Der Monatschart gibt dabei noch mehr Sicherheit. Das Ziel ist, eine Aktie mit einem vorteilhaften Kurs zu finden. Ein vorteilhafter Kurs in einem Wochenchart ist ein langsames Ansteigen. Ein paar sanfte und ein paar schnelle Steigungen können sich dabei abwechseln. Es sollte aber kein fallender Kurs oder ein stark schwankender Kurs gewählt werden.

Ist der richtige Chart gefunden, steigt also der Kurs über eine ganze Woche hinweg an, dann wird es Zeit, diese Aktie im Tageschart zu beschnuppern. Hier sollte sie schwingen. Ein sanftes Auf und Ab ist von Vorteil. In dem Fall kann man nun warten, bis die Aktie sich auf einen Tiefstand befindet. Dieser ist dann vorteilhaft, wenn er in etwa einem vorherigen Tiefstand entspricht. Nun wird es Zeit, einen Auftrag einzugeben.

Der Auftrag ist eine Kauforder. Diese Order muss einen Stopp enthalten, der dem aktuellen, gleitenden Tagesdurchschnitt entspricht. Jetzt wird die Aktie zu einem Preis bis maximal dem Tagesdurchschnittswert gekauft. Sollte der Tagesdurchschnitt absinken, dann muss man auch den Preis für die Stopporder nach unten ziehen. Ist das geschehen, bleibt es nur abzuwarten, bis die Aktie ihren Tagesdurchschnitt wieder erreicht.

Über die nächsten Tage beobachtet man die Aktie weiter. Wenn der gleitende Wochendurchschnitt auf dem Wochenchart beginnt, abzuflachen, dann wird es Zeit, die Aktie zu verkaufen. Dazu nimmt man wieder den Tageschart. Man platziert eine Verkaufsorder, deren Stopp wiederum beim gleitenden Tagesdurchschnitt liegt.

Das Swing-Trading mit zwei Charts ist eine der elementarsten Day-Trading-Strategien. Der größte Vorteil ist die Sicherheit, die der Trader damit erhält. Daher eignet sie sich vor allem für Anfänger. Man kann den allgemeinen Trend immer sehen, während man auch die aktuelle Entwicklung im Auge hat.

Wer schon mit drei Charts arbeitet und noch mehr Bestätigung sucht, der kann verschiedene gleitende Durchschnitte verwenden. Für den Tageschart empfiehlt es sich, nur den gleitenden Tagesdurchschnitt anzuzeigen. So bleibt dieser wichtigste Chart übersichtlich. Für den Wochen- oder Monatschart jedoch eignet sich das Einblenden mehrerer gleitender Durchschnitte. Bewährt hat sich das Übereinanderlegen des MA 9 und des MA 30. Wer aber will, kann auch den MA 7 mit dem MA 20 verwenden.

Wenn die eigene Erfahrung wächst, dann wird man auch seine Taktik des Zuschlagens verbessern wollen. Dazu braucht man aber einen weit besseren Überblick hinsichtlich des aktuellen Geschehens. Dieses Geschehen kann man oftmals in einem Stundenchart oder einem Minutenchart besser ablesen. Daher lohnt es sich, seine anfängliche Suche nach dem richtigen Kurs mit drei Charts durchzuführen, dem Monats-, dem Wochen- und dem Tageschart.

Der Monatschart erlaubt es, einen soliden Trend zu finden. Der Wochenchart erlaubt es wiederum, die genaue Entwicklung für den aktuellen Zeitraum abzulesen und vor allem zu erkennen, ob der allgemeine Trend anhält. Der Tageschart verfeinert dann die Analyse hinsichtlich des Anhaltens des Trends.

Hat man auf diese Weise eine passende Aktie gefunden, deren Langzeittrend anhält und man kein Umschlagen dieses Trends vermuten muss, dann ändert man die Charts. Der Monatschart fällt weg und wird durch den Stundenchart oder wahlweise den Minutenchart ersetzt. Der Monatschart wird kaum eine Veränderung zeigen, denn der fragliche Zeitraum ist schlicht zu lang. Dafür aber können der Tages- und Wochenchart gefährliche Entwicklungen aufzeigen, während der Tages- und Stundechart günstige Möglichkeiten aufzeigen.

Um den Swing-Trade erfolgreich einzusetzen, empfiehlt es sich, diesen auf dem Papier oder mit einem Musterdepot erst einmal auszuprobieren. Es kommt dabei nicht so sehr darauf an, die richtige Aktie zu finden. Das ist dank des Monats- und Wochencharts nicht so schwer. Vielmehr liegt die Kunst im richtigen Erkennen des Spielraumes. Wann platziert man eine Kauf- beziehungsweise Verkaufsorder? Und für welchen Wert setzt man den Stopp? Hierfür sollte man ein gewisses Gespür entwickeln, damit man dann nicht beim echten Trade alles durcheinanderwirft. Man sollte niemals den Stress und die Emotionen unterschätzen, die bei einem Trade mit echtem Geld mitschwingen. Das gilt für Anfänger noch viel mehr als für alte Hasen.

Ein anderer Fehler, den man vermeiden sollte, ist es, alle Werte zu genau zu nehmen. Es gibt keine hundertprozentige Sicherheit. Finanzielle Einbußen sind unvermeidlich. Daher sollte man auch ein klein wenig das Risiko in Kauf nehmen. Es ist nur wichtig, einen kühlen Kopf zu behalten, damit das Risiko nicht überhandnimmt. Sollte es doch einmal danebengehen, dann gilt es, aus seinen Fehlern zu lernen, anstatt zu verzweifeln.

Impulse-Trading

Das Impulse-Trading wurde von Alexander Elder entwickelt, der zwei Bücher über das Trading verfasst hat. Er hat in diesen Büchern mehrere, vor allem für Anfänger geeignete Trading-Strategien, vorgestellt. Die Namen seiner Bücher sind „Trading for a Living", die deutsche Fassung trägt den Namen „Die Formel für Ihren Börsenerfolg" und „Come into my Trading Room". Alexander Elder beschäftigt sich neben dem technischen Aspekt des Tradings auch mit dessen psychologischer Seite. Dies führte zu der Entwicklung der Impulse-Strategie.

Für das Impulse-Trading braucht man neben den bekannten Indikatoren noch einen weiteren Indikator, den MACD. Der MACD ist ein Indikator, der sich aus anderen Indikatoren zusammensetzt. Diese sind zwei oder mehr verschiedene gleitende Durchschnitte. Dabei steht MACD für Moving Average Convergence Divergence.

Die Idee hinter dem MACD ist ziemlich simpel. Es kommt bei der Analyse der Charts immer darauf an, einen Trend abzulesen. Neben dem eigentlichen Ablesen des Trends ist es auch wichtig, zu erkennen, ob sich dieser Trend verstärkt oder abschwächt. Das wiederum kann man an den gleitenden Durchschnitten erkennen.

Viele Trader nehmen die Kreuzungen der gleitenden Durchschnitte zu Hilfe, um zu erkennen, ob sich ein Trend abschwächt oder verstärkt. Doch Alexander Elder hat entdeckt, dass es viel mehr auf den Abstand der gleitenden Durchschnitte ankommt. Dieser Abstand wird mit dem MACD angegeben.

Für das Impulse-Trading-Setup braucht man einen Chart mit einer relativ kurzen Zeitspanne. Man kann dazu einen Tageschart, einen 100-Minuten-Chart oder einen Stundenchart verwenden. Auf diesen legt man den MACD. Wer für den MACD ein spezielles Setup wählen möchte, der ist mit einem MACD (12, 26, 9) gut bedient. Neben dem MACD legt man noch einen weiteren gleitenden Durchschnitt auf den Chart. Hierfür eignet sich der Tagesdurchschnitt.

Jetzt geht es an die Beobachtung. Man braucht den Moment, in dem beide, der MACD und der gleitende Durchschnitt, in die gleiche Richtung weisen. Dazu können beide steigen oder beide fallen. Steigen beide, dann ist es der Moment, um zu kaufen. Fallen beide, dann wird es Zeit, zu verkaufen.

Wichtig ist dabei aber auch, dass man wiederum für den Kauf, Aktien mit einer generellen Tendenz nach oben auswählt. Aktien, die um einen stetigen Wert permanent schwanken, lassen keinen echten Trend erkennen und sind deshalb zu vermeiden. Fallende Aktienkurse eignen sich nicht zum Kauf.

Mit dem Impulse-Trading erkennt man nicht einfach nur, wann ein genereller Aufwärtstrend sich fortsetzt. Man erkennt vielmehr, wann sich dieser Trend verstärkt. Das ist immer dann der Fall, wenn der gleitende Tagesdurchschnitt steigt und der MACD ebenfalls nach oben geht. Der Erwerb einer Aktie lohnt sich dann am meisten. Ebenso kann man erkennen, wann ein Aufwärtstrend sich abschwächt. Dann besteht die Gefahr einer Trendumkehr oder zumindest einer geringeren Steigerungsrate. Man wird also keinen Profit machen. Das ist immer dann der Fall, wenn der MACD nicht oder nur wenig ansteigt, während der gleitende Tagesdurchschnitt nach oben geht. Noch mehr trifft es zu, wenn MACD und der gleitende Tagesdurchschnitt nicht die gleiche Bewegungsrichtung aufweisen.

Während das Impulse-Trading eine relativ hohe Sicherheit bietet, stellt es doch auch einige Anforderungen an das Können, die Charts abzulesen. Daher sollte man auch hier als Anfänger dieses Setup mehr als einmal simulieren, bevor man sein echtes Geld dabei einsetzt. Es geschieht nur allzu leicht, dass man in der Aufregung des echten Tradings die Werte missversteht, falsch abliest oder sich einfach an falsche Hoffnungen klammert.

Ebenso gilt, wie schon vorher festgestellt, dass ein kleiner Gewinn besser ist, als kein Gewinn. Daher sollte man im Impulse-Trading das Spiel nicht zu hochtreiben und dann die Aktien verkaufen, wenn sich ein realistischer Gewinn materialisiert hat. Diesen realistischen Gewinn muss man aber abschätzen können. Die dazu nötige Erfahrung sammelt man am besten im Paper-Trading oder mit einem Musterdepot.

Es gilt auch wieder, dass man einen Misserfolg nicht als Anlass nehmen sollte, aufzugeben. Auch erfahrene Trader fahren immer mal wieder Verluste ein. Es geht darum, die Verluste zu begrenzen, damit man an Erfahrung gewinnen und als Trader wachsen kann. Dann wird man auch das Impulse-Trading mit Erfolg anwenden können.

15-Minuten-Trading

Das 15-Minuten-Trading wird auch gern „Scalping" genannt und ist ein an sich eher gefährliches Setup. Normalerweise wird gerade Anfängern nicht empfohlen, derartige Strategien anzuwenden. Das ist auch verständlich, denn derartig kurze Zeiträume bringen einen enormen Zeitdruck. Das wiederum bringt Stress. Gepaart mit Verlustängsten bringt das wiederum schlechte Entscheidungen und damit Verluste. Daher sind diese Warnungen an sich gerechtfertigt, doch man kann den Gefahren Herr werden.

Die Erste und Wichtigste der Gefahren ist der Zeitdruck. Diesem kann man aber durch eine richtige Vorbereitung begegnen. Der Zeitdruck kommt vor allem dann zum Tragen, wenn eine kurze Zeitspanne abläuft. Das hier vorliegende Setup vermeidet den Zeitdruck jedoch weitgehend. Das wird durch mehrere Maßnahmen erreicht.

Als Erstes wird der Aktienkurs vor der Eröffnung des neuen Handelstages überprüft. Jetzt hat man genügend Zeit, die Aktien zu vergleichen und ein oder zwei interessante Exemplare herauszugreifen. Die Kurse verändern sich nicht, denn der Handelstag ist noch nicht eröffnet. Man kann also mögliche Entwicklungen abschätzen und erste Kalkulationen vornehmen.

Entscheidungen, die man sonst während des Tradings trifft, werden in die Vorbereitungsphase vorverlegt. Dazu stellt man die bestehenden Kurse vor der Eröffnung des Handelstages fest und legt jetzt bestimmte Werte fest. Diese Werte beinhalten Kauf- oder Verkaufsziele und Verlust- oder Gewinnstopps. Damit ist man dann gewappnet, wenn das eigentliche Trading beginnt.

Mit der richtigen Vorbereitung lassen sich also die typischen Gefahren des Scalp-Tradings reduzieren. Wenn man das eigentliche Trading betrachtet, dann benötigt man dafür nur 16 Minuten. Das macht diese Art des Tradings besonders für Teilzeittrader interessant. Diese stehen normalerweise unter einem anderen Zeitdruck. Dieser entsteht normalerweise durch den Tagesjob. Das Scalp-Trading zielt auf die Entwicklung der ersten 15 Minuten des Handelstages ab. Daher auch die Bezeichnung 15-Minuten-Trading. Damit kann ein Teilzeittrader seine Trades am Morgen erledigen, bevor er zu seinem Tagesjob geht.

Für das Scalp-Trading, wie es hier vorgeschlagen wird, gibt es zwei Setups. Das Kauf- und das Verkaufs-Setup. Zwischen beiden sollte eine gewisse Zeitspanne liegen. Diese kann von Tagen bis Wochen reichen. Um einen Gewinn zu erzielen, sollte man sich für dieses Setup eine Aktie mit einem generell steigenden Kurs aussuchen. Diesen erkennt man vor allem bei einer Betrachtung der Charts der letzten Woche und des letzten Monats. Der Monatschart hilft, die richtige Aktie zu finden und der Wochenchart bestätigt den Trend. Dazu kann man auch den gleitenden Durchschnitt MA 20 hinzunehmen, um den Trend zu bestätigen. Der MA 20 sollte auch einen generellen Trend nach oben zeigen.

Ist die richtige Aktie gefunden, dann geht es an die Vorbereitung. Man betrachtet die Kurse und die Werte der letzten Tage und legt sich zwei Limits zurecht. Dabei handelt es sich um einen Höchst- und einen Tiefstwert.

Der Höchstwert dient der Begrenzung des Trades nach oben. Damit soll verhindert werden, dass man mit einem überdurchschnittlichen Preis einsteigt. In einem solchen Fall kann es nämlich eine Weile dauern, bis die Aktie diesen Preis hoch genug überschreitet, damit sich ein Verkauf lohnt.

Der Tiefstwert dient einer Absicherung gegen eine Trendwende. Eine Aktie kann über Nacht aus verschiedenen, oft unvorhergesehenen Gründen, einen Absturz erleiden. Es kann auch nur eine einfache Trendwende beginnen. Für beides ist ein ungewöhnlich niedriger Kurs ein erster Indikator.

Der Höchst- und der Tiefstwert sollten sich an den Schwankungen der letzten Tage orientieren. Sind beide festgelegt, kann es nun an den eigentlichen Trade gehen. Der beginnt mit den ersten 15 Minuten des Handelstages.

Zur Eröffnung des Handelstages legt man sich den Minuten- und den Stundenchart auf seinen Computer. Die ersten 15 Minuten des Handelstages wartet man nur ab und verfolgt die Entwicklung des Kurses. Diese dient als Indikator für den eigentlichen Kaufauftrag.

Innerhalb der ersten 15 Minuten kommt es oft zu starken Kursschwankungen, wenn die Aktien die Lücke der Nacht ausgleichen. Schon innerhalb dieser 15 Minuten jedoch kommt es gewöhnlich zu einer Beruhigung und ein erster Trend wird absehbar.

Mit dem Ende der ersten 15 Minuten platziert man eine Kauforder mit einem Stopp, einen kleinen Tick über den Höchstkurs der ersten 15 Minuten. Nach einer Minute schließt man diese Kauforder wieder. Alle Käufe, deren Preis sich in dem Rahmen der ersten 15 Minuten befindet, werden automatisch abgewickelt. Nach einer Minute kann man den Bildschirm verlassen, ohne die Kontrolle über das Geschehen zu verlieren. Ebenfalls sollte man die Kauforder schließen, wenn die Aktie sich einen kompletten Punkt nach oben oder nach unten bewegt.

Die Aktie hält man nun für eine kurze Zeit und verwendet für den Verkauf das gleiche Setup. Wieder werden alle wichtigen Entscheidungen vor der Eröffnung des Handelstages getroffen. Wieder werden die ersten 15 Minuten für eine Beobachtung der Kurse verwendet. Wieder gibt es einen Stopp nach genau einer Minute. Der Trade startet also wiederum 15 Minuten nach Eröffnung des Handelstages, wird 16 Minuten nach Eröffnung des Handelstages wieder geschlossen.

Für eine erfolgreiche Anwendung des Scalp-Trading braucht man einen entsprechenden Handelsplatz, der die Aufträge innerhalb der kurzen Zeit ausführen kann. Weiterhin sollte es dieser Handelsplatz erlauben, mit der Kauforder auch einen Zeitstopp erteilen zu können.

Für den Trader ist es auch wichtig, zu sehen, wie volatil der Markt ist. Das gehandelte Volumen lässt Rückschlüsse darauf zu, ob sich der Trend einer Aktie fortsetzt oder nicht. Stehen zu viele Aktien zum Verkauf, wird der Kurs mit Sicherheit bald nach unten gehen. Hier sind also keine Käufe zu empfehlen. Wer diese Aktie hält, sollte entweder ebenfalls schnell versuchen, diese Aktie loszuschlagen oder sich darauf vorbereiten, sie über ein längeres Tief hinweg zu halten. Letzteres jedoch birgt das Risiko eines noch größeren Verlustes, wenn die Aktie absolut keine Käufer mehr findet.

Der Vorteil des Scalp-Tradings ist zweierlei. Zum einen ist da der besagte Zeitvorteil. Das Setup läuft auf ein 16-Minuten-Trading hinaus, welches man noch vor seinem Arbeitstag absolvieren kann. Das macht diese Art des Tradings vor allem für Leute mit einem Tagesjob interessant.

Der zweite Vorteil ist das einfach Setup. Während Begriffe wie Scalp- oder 15-Minuten-Trading auf schnelle Entscheidung und komplizierte Verfahren schließen lassen, ist das Setup sehr einfach. Man muss nicht viele Indikatoren über einen langen Zeitraum im Auge behalten. Wenn man seine Aktie gefunden hat, dann reicht der Minuten- und Stundenchart, um alle relevanten Informationen abzulesen.

Das Verfahren als Gesamtes, mit Kauf und Verkauf einer bestimmten Aktie, erstreckt sich über Tage oder Wochen. Nur der Kauf- beziehungsweise Verkaufsprozess, finden jeweils in diesem kurzen Setup von 15 Minuten, plus einer Minute für das eigentliche Trading statt.

Trading mit einem Regressionskanal

Ein Regressionskanal ist nur einer von mehreren Kanälen, den Trader verwenden können. Er zeichnet sich jedoch durch seine Einfachheit aus. Ein Regressionskanal ist ein sehr gutes Mittel, um Trends festzustellen, bei denen eine Verstärkung zu erwarten ist.

Börsen offerieren einfache Tools, mit denen sich ein Regressionskanal einzeichnen lässt. Dabei eignet sich vor allem die Darstellung eines Wochenzeitraumes. Man wählt also einen Wochenchart. Auf diesem sucht man sich zwei Schwingungen, die nach oben gehen und verbindet diese mit einer Linie. Das Gleiche wiederholt man mit zwei Schwingungen, die nach unten gehen. Dann sucht man sich jeweils zwei Schwingungen, die oberhalb beziehungsweise unterhalb dieser Schwingungen liegen, und wiederholt den Prozess. Damit sollten sich nun 4 lineare Linien auf dem Chart befinden. Zwei Linien verbinden Höchstpunkte und zwei Linien verbinden Tiefpunkte.

Auch dieses Setup gibt es in zwei Varianten. Eine Variante nutzt eine kurzfristige Beschleunigung des Kursanstieges, die andere nutzt eine kurzfristige Verlangsamung. Für die Beschleunigung des Kursanstieges muss man eine Aktie oder ein Wertpapier mit einem generellen Trend nach oben finden. Für diese Aktie beziehungsweise dieses Papier zeichnet man nun einen Regressionskanal. Dieser kann der Einfachheit halber aus nur einer Linie oberhalb und einer Linie unterhalb der Ausschläge bestehen oder zur Sicherheit aus zwei Linien oberhalb und zwei Linien unterhalb.

Ist der Regressionskanal eingezeichnet, gilt es nun, nach Anzeichen für eine Beschleunigung des Anstiegs zu suchen. Diese Anzeichen bestehen in dem Schlusskurs der Aktie für einen Handelstag. An mindestens zwei Handelstagen hintereinander sollte dieser Schlusskurs komplett oberhalb des Regressionskanals, also oberhalb der oberen Linie, liegen. Jetzt ist der Moment, zuzuschlagen.

Die Aktie oder das Wertpapier hält man nun für ungefähr eine Woche. Dann hat sich die Beschleunigung ehrfahrungsgemäß erschöpft und es wird Zeit, sich aus dieser Aktie beziehungsweise diesem Wertpapier zu verabschieden.

Umgekehrt kann man auch versuchen, eine kurzfristige Verlangsamung des Aufwärtstrends einer Aktie oder eines Wertpapieres zu benutzen. Dazu sucht man sich wieder eine Aktie mit einem generellen Anstieg. In den Chart dieser Aktie zeichnet man wieder einen Regressionskanal. Wieder hat man die Wahl zwischen Einfachheit und Sicherheit. Einfach bedeutet nur eine Linie oberhalb und unterhalb des Durchschnitts, sicher bedeutet, jeweils zwei Linien ober- oder unterhalb.

Jetzt gilt es, Anzeichen für eine Verlangsamung des Aufwärtstrends zu finden. Diese sieht man wiederum im Schlusskurs der Aktie beziehungsweise des Wertpapiers. Befindet sich der Schlusskurs an zwei aufeinanderfolgenden Tagen unterhalb des Regressionskanals, dann ist eine Verlangsamung gegeben. Jetzt wird es Zeit, diese Aktie zu kaufen.

Wie zuvor, so hält man auch in diesem Fall die Aktie für ungefähr eine Woche. Die Erfahrung zeigt, dass der Kurs bis dahin wieder seine normale Fahrt aufgenommen hat.

Der Trade mit der Verlangsamung des Aufwärtstrends hat eine größere Gewinnaussicht im Vergleich zum Trade mit der Beschleunigung des Aufwärtstrends. Dafür aber ist der Trade mit der Verlangsamung auch riskanter. Hinter der Verlangsamung kann sich nur allzu leicht eine Trendwende oder ein Anzeichen für einen Absturz verbergen. Daher sollte man hier sehr genau das potenzielle Risiko gegen den potenziellen Gewinn abwägen.

Regressionskanäle werden in den Charts nach Maßgabe des Traders eingezeichnet. Dabei ist es wichtig, typische Hochs und Tiefs zu benutzen. Es lohnt sich nicht, einen falschen Regressionskanal zu zeichnen, indem man überdurchschnittliche Ausschläge benutzt. Dann erhöht man das Risiko eines Verlustes. Umgekehrt kann man sagen: Je besser es einem gelingt, die wichtigen und richtigen Ausschläge für die Regressionskanäle zu erwischen, desto höher sind die Erfolgsaussichten.

Wichtig beim Handel mit Regressionskanälen sind auch die allgemein höheren Gewinnaussichten gegenüber anderen Trading-Methoden. Bei diesem Setup werden gezielt Beschleunigungen oder Verlangsamungen ausgenutzt. Damit erwischt man die besonders starken Anstiege einer Beschleunigung beziehungsweise nutzt eine Flaute gezielt aus. Das Risiko ist bei der Verwendung einer Beschleunigung durchaus im normalen Rahmen. Bei der Verwendung einer Verlangsamung ist dagegen eine größere Vorsicht geboten.

Das Setup mit dem Ausstieg aus der Aktie beziehungsweise dem Wertpapier, innerhalb von 7 Tagen, bietet eine weitere Sicherheit. Damit kann man von den Trends beziehungsweise deren Beschleunigung oder Verlangsamung profitieren, bevor diese eine Wende erlebt. Besonders das längere Halten einer Aktie bis nach deren Absturz wird damit vermieden. Als Day-Trader kommt es mehr auf kurzfristige denn auf möglichst hohe Gewinne an. Diesen Punkt sollte man niemals aus den Augen verlieren.

Wichtige Ausstiegsstrategien

Wenn man seinem Broker einen Auftrag übermittelt, dann eröffnet man damit einen Trade. Theoretisch kann dieser Trade nur in einer einzigen Aktion bestehen oder es kann sich dabei um eine ganze Strategie handeln. In beiden Fällen jedoch sollte man sich darauf vorbereiten, die Trades wieder zu schließen. Als Day-Trader führt man seine Trades in einem sehr begrenzten Zeitrahmen aus. Dabei bleibt keine Zeit, sich während der Action über den Ausstieg Gedanken zu machen. Daher legt man sich eine Ausstiegsstrategie von Anfang an zurecht.

Eines der wichtigsten Hilfsmittel für einen Day-Trader ist die Stopp Loss Oder. Mit einer solchen Order wird man zwar einen Verlust machen, doch man hält die Verluste begrenzt. Das ist besonders für Anfänger eine sehr wichtige Ausstiegsstrategie. Diese können sich nämlich weigern, einen Verlust zu akzeptieren. Anstatt dann bei einem noch akzeptablen Preis auszusteigen, warten sie zu lange und der Verlust wird viel zu groß.

Einige alte Hasen am Markt wollen sich nicht mit der Stopp Loss Order anfreunden. Das liegt an ihren negativen Erfahrungen. Sie haben eine Aktie vielleicht vorzeitig abgestoßen, um einen allzu großen Verlust zu vermeiden, woraufhin sich die Aktie wieder wie erwartet entwickelt hat. Während alte Hasen es sich finanziell und von ihrer Erfahrung her leisten können, eine Stopp Loss Order zu ignorieren, sollten Anfänger lieber auf Nummer sicher gehen, anstatt dann in der Hitze des Marktes all ihr Geld zu verlieren.

Eine Stopp Loss Order wird mit einem normalen Kauf- beziehungsweise Verkaufsauftrag an den Broker übermittelt. Dieser verlangt oft eine höhere Gebühr für diese Order. Wird dann aber ein Gewinnziel hinfällig, dann tritt die Stopp Loss Order in Aktion. Nehmen wir ein einfaches Beispiel. Jemand erwirbt eine Aktie für 50 €. Sein Gewinnziel ist es, diese Aktie für 55 € wieder zu verkaufen. Jetzt aber fällt die Aktie plötzlich auf 20 €. Ist es da noch realistisch, an das Gewinnziel von 55 € zu glauben? Wohl eher nicht. Eine Stopp Loss Order kann für den Wert von 20 €, zusammen mit der ursprünglichen Order, an den Broker übermittelt worden sein. Dieser wird dann die Aktie automatisch für 20 € verkaufen.

Viele Leute weigern sich, eine Stopp Loss Order zu benutzen, weil sie damit einen Verlust machen. Die Idee ist, dass die Verluste nur dann realisiert sind, wenn die Aktie auch wirklich zu diesem schlechten Preis verkauft wird. Hält man jedoch die Aktie, dann kann sie sich auch wieder erholen. Dagegen spricht jedoch, dass man das Geld gebunden hält und es nicht sicher ist, ob diese Erholung überhaupt eintritt.

Eine Weisheit unter den Tradern besagt, dass der größte Feind des Traders der Trader ist. Wenn man sich nun weigert, einen Verlust hinzunehmen, läuft man damit Gefahr, einen noch viel größeren Verlust zu erleiden. Eine Stopp Loss Order zwingt den Trader, sich mit dem bisherigen Verlust abzufinden, anstatt das Risiko unnötigerweise nach oben zu treiben.

Manch einer denkt, eine Stopp Loss Order, als vorher definierter Auftrag, ist nicht nötig. Man kann doch den Verkauf auch später noch selbst in die Wege leiten. Dagegen spricht jedoch die Tendenz von Anfängern, vor schlechten Kursen die Augen zu verschließen. Anstatt also aktiv zu werden, tun diese Trader nichts. Das Ergebnis ist eine Vergrößerung des Verlustes. Man sollte sich einfach die eigene Fehlbarkeit eingestehen und entsprechende Sicherheitsvorkehrungen treffen.

Für einen Day-Trader bedeutet der Einstieg in einen Trade auch, dass er sich ein Gewinnziel setzen muss. Nur mit diesem Gewinnziel lassen sich die Gewinne auch realisieren. Wer die Aktien einfach nur laufen lässt, hat sein Geld gebunden und riskiert Verluste. Wer dagegen ein Gewinnziel klar definiert hat, kann den Trade mit diesem Gewinnziel schließen.

Ausgehend von dem bisherigen Kursverlauf wird ein Kursziel festgelegt. Dieses Ziel wird dann zusammen mit der Trade-Order als Kursziel-Limit-Order an den Broker übermittelt. Dann kann man dem Trade laufen lassen, bis die Gewinne automatisch realisiert werden.

Das Day-Trading verschafft Gewinne, wenn der Ausschlag auf den Kursen der Aktion ausgenutzt wird. Dabei muss man aber auch bedenken, dass man sein Geld an eine Aktie bindet, sobald man diese erwirbt. Dieses Geld steht einem nicht für andere Trades zur Verfügung, bis der erste Trade beendet wurde. Was aber, wenn man gerade eine sehr schwerfällige Aktie erwischt hat? Anstatt hier einen Gewinn zu machen, ist das eigene Geld zwar nicht verloren, es ist aber auch nicht für die vielleicht stärker schwankenden Aktien verfügbar. Hier macht es Sinn, eine Zeitstopporder zu verwenden. Damit wird der Trade einfach nach dem Ablauf einer bestimmten Zeit geschlossen und die Aktie abgestoßen. Dann hat man zwar keinen Profit gemacht oder vielleicht sogar einen kleinen Verlust eingesteckt, doch das eigene Geld steht wieder für andere Aktien zur Verfügung. Auch diese Zeitstopporder sollte man von Beginn an seinem Broker mitteilen. Man selbst neigt oftmals dazu, einfach noch ein bisschen warten zu wollen.

Zwei weitere Methoden, einen Trade zu beenden, setzen jedoch einiges an Willenskraft und Selbstbeherrschung voraus. Diese Methoden sind nämlich aktive Methoden. Man greift also aufgrund einer neuen Entscheidung in das Geschehen ein. Das ist jedoch manchmal unvermeidlich.

Eine Methode ist die Trailing-Stopp-Order. Dieser auch „gleitender Stopp" genannte Ausstieg erlaubt es, Gewinne zu realisieren, auch wenn das Gewinnziel nicht erreicht ist. Wenn man den Kursverlauf verfolgt und erkennt, dass das Gewinnziel nicht erreicht wird, dann kann man mit einem Trailing-Stopp die Aktie abstoßen, solange noch ein Gewinn möglich ist. Damit streicht man zwar nicht so viel Geld ein, wie geplant, doch man hat auch keinen Verlust gemacht.

Manchmal kommt es anders, als man denkt. Dann muss man erkennen, dass man das eigene Ziel einfach nicht realisieren kann. Die Umstände am Markt haben sich einfach total verändert und niemand weiß, ob sich die Verluste, die sich abzeichnen, nicht noch vergrößern. In einem solchen Fall kann man noch immer die Notbremse ziehen. Diese Notbremse ist der sogenannte Ausstieg am Markt. Damit wird die Aktie ganz einfach verkauft. Man gibt eine Verkaufsorder mit offenem Preis an. Dann wird von der Börse automatisch der beste Preis verwendet und die Aktie ist weg. Damit hat man zwar einen Verlust eingesteckt, dieser ist aber begrenzt. Man hat damit die oftmals die Chance auf einen Ausstieg, bevor das absolute Minimum, welches mit der Stopp Loss Order definiert ist, erreicht wird. Kurz: Man begrenzt seine Verluste auf ein noch erträgliches Maß.

Gerade aber Neueinsteiger sollten mit dieser Art des Ausstiegs vorsichtig sein. Aktien erholen sich oftmals und man kann seine Ziele auch noch am nächsten Tag erreichen. Hier ist es besser, einen kühlen Kopf zu bewahren, und sich an die vordefinierten Ziele zu halten. Dennoch sollte man sich im Ernstfall auch nicht davor scheuen, auch mal die Notbremse zu ziehen.

Der Lernprozess

Day-Trading ist eine gefährliche, aber einträgliche Angelegenheit. Jeder Trader ist anders. Daraus ergeben sich unterschiedliche Vorgehensweisen und Vorlieben. Um dem Rechnung zu tragen, sollte man langsam an das Traden herangehen und zuerst auf Sicherheit spielen.

Am besten sucht man sich am Anfang eine einzelne Strategie heraus. Um diese auch richtig anzuwenden, simuliert man sie erst ein paarmal auf dem Papier oder mit einem Musterdepot. Ist das erfolgreich, kommt die Umsetzung in der echten Welt.

Wenn man dann die ersten Erfolge gemacht und die ersten Profite eingefahren hat, kann man sich auf das Ausprobieren anderer Strategien stürzen. Wichtig ist aber auch, sich weiter zu informieren und auf dem Laufenden zu halten.

Weitere Informationen helfen vor allem im Hinblick auf die allgemeine Entwicklung am Aktienmarkt. Damit können Trendwenden oder neue Anschübe für alte Trends in Erfahrung gebracht werden. Das ist aber noch nicht alles. Es ist auch wichtig, von anderen Ratgebern Tipps und Ratschläge zu erhalten. Wie gesagt, jeder hat eine andere Vorliebe. Damit können andere Trader Strategien kennen oder Tipps in petto haben, die einem selbst sehr viel nützen. Daher sollte man die heutige Onlinewelt genüsslich ausnützen und in den verschiedensten Blogs, Seiten und Foren über das Thema Trading und vor allem Day-Trading lesen. Damit kann man für sich immer noch etwas finden.

Mentoren sind ebenfalls eine große Hilfe. Diese kann man sich für mehrere Tausend Euros suchen. Das muss aber nicht sein. Viele Mentoren bieten ihr Wissen besonders in Blogs und Foren umsonst an. Wenn man also im Internet gestöbert hat und einen interessanten Blog beziehungsweise ein interessantes Forum gefunden hat, dann kann man sich dort auch beteiligen. Allein schon eine Frage bringt oft und gern eine Antwort. Blogs und Foren leben schließlich von der Beteiligung. Nur weil diese Ratschläge nichts kosten, bedeutet das nicht, dass sie nichts taugen.

Hat man sich schon ein wenig mit dem Day-Trading beschäftigt, und sei es auch nur einige wenige Tage, dann kann man sich auch sehr leicht Expertenwissen per Buch zulegen. Neben dem vorliegenden Buch, das zugegeben sehr einfach gehalten ist, gibt es eine Bandbreite an sehr hilfreicher Fachliteratur zum Thema Aktien, Börse, Trading und Day-Trading. Diese Bücher vermitteln ein vertieftes Wissen, das man nicht ignorieren sollte. Das Trading und das Day-Trading sind nicht neu. Eine Menge Wissen hat sich darüber angesammelt. Anstatt also das Rad komplett neu zu erfinden, was auch ein gewaltiges Risiko mit einschließt, kann man sich mit diesen Büchern eine fundierte Grundlage für sein Vorgehen schaffen. Dabei kann man sehr schnell, von den allgemein erklärenden, zu den sehr speziellen Büchern, wechseln. Das geht aber nur, wenn man seine eigenen strategischen Vorlieben zumindest etwas ausgelotet hat.

Aktives Trading ist riskant und kostspielig. Daher lohnt sich der Einstieg mit einem sogenannten Musterdepot oder dem Paper-Trading. Das Musterdepot ist ein Konto, bei dem man ohne echtes Geld simulierte Trades mit echten Aktien durchführen kann, das wurde so bereits besprochen. Das Paper-Trading ist eine noch einfachere Form.

Dabei verwendet man die Charts einer Onlinebörse, ein Blatt Papier und einen Bleistift. Man rechnet sich seine Kurse und seine Gewinne einfach selbst aus. Wichtig ist dabei aber, die Kosten, die eine Börse für einen Trade verlangt, nicht unter den Tisch fallen zu lassen. Ein Beispiel verdeutlicht dies: Wer mit 1000 € einen einfachen Day-Trade ausführt, und dabei einen Profit von nur einem Prozent macht, hat 10 € mehr. Dabei liegen die Mindestkosten für einen solchen Trade aber schon mal leicht bei 10 € und damit ist der Gewinn einfach wieder weg.

Das Day-Trading ist natürlich ein individueller Akt. Der Prozess des Lernens jedoch ist es nicht. Oftmals geben neue Daytrader schon nach einer kurzen Zeit auf, weil das Erlernen der Kunst zu anstrengend ist. Freunde können hier helfen. Wer sich über Erfahrungen austauschen kann oder Tipps bekommt und dem auch mal bei schwierigen Problemen geholfen wird, der hält auch länger durch. Nun braucht man sich aber nicht darauf zu verlegen, alle seine Freunde vom Day-Trading zu überzeugen. Diese werden es einem bestimmt nicht danken, wenn sie bei dieser Beschäftigung ihr Erspartes verlieren. Anstatt sich also bei seinen alten Freunden unbeliebt zu machen, sollte man sich einfach die passenden Day-Trader-Freunde suchen. Day-Trading geschieht ohnehin online. Da ist es auch kein Problem, in Day-Trading-Foren neue Freunde zu gewinnen. Geht man den Weg des Lernens gemeinsam, dann motiviert man sich gegenseitig. Natürlich kennt auch jeder Facebook. Wer aber kennt StockTwits? Dies ist das Facebook für Trader und Anleger. Dort findet man bestimmt Gleichgesinnte.

Day-Trading ist vor allem etwas für Leute mit einem offenen Geist. Man sollte nie mit einer Methode oder Strategie verharren. Stattdessen sollte man sich ein gesundes Maß an Offenheit für neue Ideen bewahren. Natürlich sollten neue Ideen auch skeptisch geprüft werden. Versprechungen, die zu gut klingen, sind selten wahr. Das gilt vor allem dann, wenn man für diese Versprechungen auch noch Geld hinblättern soll. Neben solchen Betrügern gibt es auch eine Menge Leute, die behaupten, sie wissen, wovon sie reden. Doch man sollte wirklich genau prüfen, ob das, was man da hört, auch stimmen kann.

Die Bereitschaft, Neues zu lernen, erlaubt es dem erfolgreichen Day-Trader, sich den Veränderungen des Marktes anzupassen. Es gibt nicht die eine richtige Strategie. Es gibt viele Strategien für viele Situationen. Welche einem davon am meisten liegt, das muss man eben selbst herausfinden.

Neben dieser Offenheit für Neues sollte man sich aber auch eine gesunde Erwartungshaltung bewahren. Day-Trading beginnt nicht mit Riesengewinnen. Es handelt sich dabei um eine harte Arbeit mit einer langen Lernzeit. Man muss sich selbst als sein eigenes Unternehmen ansehen. Wie jedes Unternehmen, so muss man auch sich selbst als Trader aufbauen. Das betrifft das Wissen, die Erfahrung und auch das Geld. Die ersten Profite sollte man nicht gleich wieder herausziehen, sondern sie für weitere Trades verwenden. Das bringt irgendwann, nach Jahren womöglich, das Einkommen, von der man wirklich leben kann.

Weiterhin muss man auch mal hart im Nehmen sein. Man muss die Tatsache akzeptieren, dass man als Trader auch mal verliert. Wer das weiß und damit umgehen kann, der schmeißt auch nicht gleich alles hin, wenn es nicht nach Plan läuft. Jeder Trade, selbst ein solcher mit einem Verlust, bringt Erfahrung und ist damit erfolgreich. Weder sollten negative Trades vergessen werden, noch sollten sie der Anlass zum Aufgeben sein.

Oft wurde schon von der Aufregung, dem Stress und den Emotionen, der Profession des Day-Tradings gesprochen. Es gibt aber auch eine andere Seite. Wenn man erfolgreiche Strategien immer wieder anwendet, dann wird das Day-Trading irgendwann langweilig. Man muss sich also bewusst sein, dass man als erfolgreicher Trader irgendwann den Punkt der Langeweile erreicht und überschreitet. Dann ist wieder Beharrlichkeit gefragt und die Fähigkeit, einfach weiterzumachen. So kann man auch langfristig Erfolg haben.

Die Umsetzung

Nun ist das Buch gelesen und die Verwirrung ist groß. Eine Menge technischer Information plus Börsenweisheiten sind auf den Aktienneuling eingeprasselt und die Hälfte davon ist schon fast wieder vergessen. Das ist kein Problem. Daher kommt hier noch eine kleine Hilfe.

Bevor der eigentliche Aktienhandel losgehen kann, sollte man sich noch einmal die Kapitel mit den Strategien vornehmen. Welche davon liegt einem am besten? Wenn es keine Antwort auf diese Frage gibt, dann sollte man einfach mit dem 9/30-Trading beginnen. Das ist das Einfachste von allen.

Nun geht es an die Börse, doch nicht mit Geld, sondern nur mit Papier. Man nehme sich ein Blatt Papier und einen Bleistift. Dann sucht man sich eine Aktie, deren Kurs dem 9/30-Setup oder dem Setup gleicht, das man als seinen Favoriten ausgewählt hat.

Jetzt verfolgt man die Entwicklung der Aktie und schreibt die Kurse sowie die Handlungen auf. Die eigenen Handlungen sollten dabei dem entsprechen, was man aufgrund der erklärten Strategie unternommen hätte. Dabei sollte man ehrlich mit sich selbst sein. Es ist besser, sich hier einen Misserfolg einzugestehen, als auf Teufel komm raus mit echtem Geld zu traden und dieses dann zu verlieren.

Hat man nun das Papiertrading geübt, kommt die Zeit der Anpassung. Jeder hat persönliche Vorlieben, daher ist es keine Schande, wenn man die Strategien nimmt und sie den eigenen Vorlieben anpasst. Wichtig ist nur, dass man sie dementsprechend mit diesen Anpassungen übt, damit man sie beherrscht und ihren Erfolg oder Misserfolg abschätzen kann.

Ist die Auswahl der ersten Strategie getroffen und diese dann den eigenen Bedürfnissen angepasst und haben sich die ersten Erfolge eingestellt, wird es Zeit für ein Musterdepot. Damit kann man nun die echte Handhabung üben. Es kommt auch auf die technischen Aspekte an. Man muss einfach wissen, welcher Klick welches Ergebnis bringt.

Ist auch diese Hürde gemeistert und fährt man mit dem Musterdepot einen theoretischen Gewinn ein, dann kann man sein echtes Depot eröffnen. Dies tut man am besten online, denn dann kann man auch seine Trades online durchführen. Unterschiedliche Börsen bieten unterschiedliche Vorgehensweisen, die sich jedoch alle im Grunde genommen ähneln.

Wenn man nun beginnt, ein Trader zu werden, muss man einiges mehr verstehen. Zum Ersten muss man einsehen, dass man nicht gleich reich damit wird. Man wird Verluste einfahren. Damit muss man einfach leben und damit muss man leben können. Diese Verluste bringen aber Erfahrungen.

Zum Zweiten muss man einsehen, dass man selbst mit Erfolg nicht sofort reich wird. Hat man einen Tagesjob, dann wird man nicht so viel Zeit für die Börse haben. Dementsprechend wenig Zeit hat man, einen Gewinn zu erwirtschaften. Dementsprechend klein wird der Gewinn sein.

Wie alles im Leben, so ist auch die Börse am Ende harte Arbeit. Man muss die Nachrichten und die Finanznachrichten verfolgen. Man muss Foren nach Trends und Tipps durchsuchen. Man muss einen

Freundeskreis aufbauen, mit dem man sich austauschen kann. All das verbraucht Zeit, Geduld, Geld und Nerven.

Hat man Erfolg und kann man schließlich seinen Beruf an den Nagel hängen, dann sollte man sich keinen falschen Vorstellungen hingeben. Man verdient sein Geld an der Börse nicht, indem man am Strand liegt. Gerade als Hauptberuf muss das Trading sehr viel Profit bringen. Dazu muss man viel Zeit und sehr viel Geld investieren. Geld aber heißt auch, dass man dieses Geld verlieren kann. Daher steigt die Investition der Zeit, denn man will die sichersten Trades finden und man will die neuesten Informationen haben. Mit dem Hauptberuf Trader wird man noch immer seine 8 Stunden täglich arbeiten müssen, oftmals sogar mehr. Das gilt umso mehr, als dass jedes, kleine Bisschen Profit ausschließlich von der eigenen Arbeit abhängt.

Sollte man es also gar nicht erst versuchen? NEIN! Man sollte nicht aufgeben, bevor man überhaupt angefangen hat. Day-Trading ist eine Jagd. Der Erfolg beflügelt und der Gewinn ist es wert. Day-Trading ist eben nicht leicht. Das aber ist kein Grund, es nicht zu versuchen. Es ist ein Grund, sich so richtig in die Sache hineinzuarbeiten. Es ist ein Grund, sein Bestes zu geben. Am Ende steht dann ein Erfolg, auf den man wirklich stolz sein kann, ein Erfolg, den einfach nicht jeder schafft.

Das Day-Trading ist außergewöhnlich, es ist hart, es ist riskant, aber es ist auch lohnenswert und es bringt eine Befriedigung, die nur ein eigener Erfolg ermöglicht. Man sollte sich nur des Risikos bewusst sein und nicht all sein Geld dabei verspielen. Man sollte am Anfang auf Sicherheit spielen, bis man die Marktmechanismen besser versteht. Nicht alles kann man aus Büchern lernen. Diese sind nur der Anfang. Ein Meister wird man nur mit der Schule des Lebens. Man braucht die Erfahrung, um sich auch an die komplizierteren und riskanteren Setups zu wagen. Diese aber bringen mehr Profit. Einzig und allein, man muss in sie hineinwachsen.

www.ingramcontent.com/pod-product-compliance
Lightning Source LLC
Chambersburg PA
CBHW050014230526
45470CB00003B/962